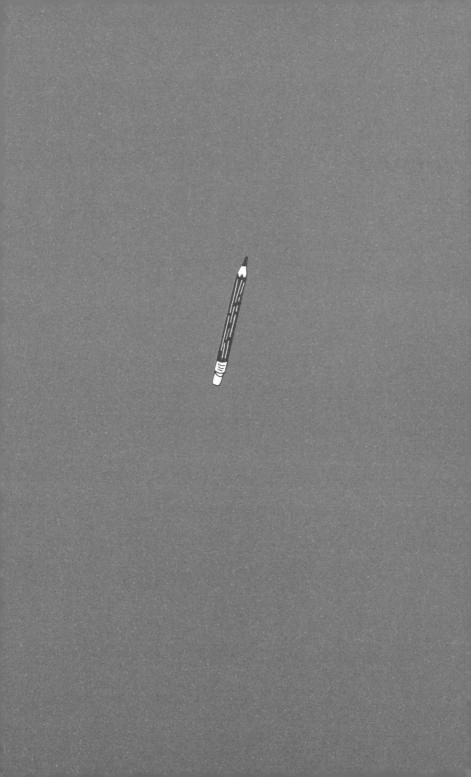

무엇이든
쓰다 보면 잘 써지는 게
글이라고

어쩌면
잘 쓰게
될지도
모릅니다

이윤영 지음

하마터면 혼자서 글만 쓰다가 내가 잘 쓰는지도 모를 뻔했다

콘텐츠가 되는 글쓰기는 쉽다

글쓰기가 어렵고 힘들다고 한다.

'괴롭다'는 표현도 서슴지 않는다. 글쓰기, 그게 뭐라고 이렇게 힘들어할까. 단언컨대 글쓰기는 자신을 표현하는 최고의 수단이자 가장 손쉬운 방법이다.

자기표현을 위해 누군가는 그림을 그리고, 누군가는 악기를 연주하기도 하고, 누군가는 음악을 만든다. 하지만 위의 것들은 오랜 시간과 노력이 필요하고, 특별한 재능이 없으면 어느 정도의 수준에 이를 수 없다. 하지만 글쓰기는 다르다. 그저 '펜을 쥘 손 힘'만 있으면 가능한 것이 글쓰기다. 하루 한 줄 메모부터 차근차근 해나가면 언젠가는 자신의 생각을 자연스럽게 가득 담아낼 수 있다. 하루 5분의 시간과 노력이면 충분하다. 쉽고 간단하다.

이 책은 매일 혼자 끙끙대면서 쓰는 글쓰기가 아닌 공개하는 글쓰기로 메모 한 줄이 글이 되고, 그 글이 나만의 콘텐츠가 되어 다양한 사람과 소통하고 공감하면서 새로운 콘텐츠를 계속 만들어나가는, 진정한 이 시대의 새로운 글쓰기법을 제안하고자 한다.

SNS 홍보 속에 살지만 여전히 자신의 이야기를 공개하는 것을 꺼리고 두려워하는 사람이 많다. 하지만 누구나 할 수 있고, 아무나 할 수 있는 '공개 글쓰기'로 좀 더 적극적으로 글쓰기를 연습하려고 한다.

매일 '남이 차려놓은 밥상'이 아닌 내가 직접 만드는 나만의 콘텐츠 밥상으로 진정한 나를 찾고, 이를 통해 제2의 삶을 설계해보자.

책의 내용은 지난 몇 년간 책을 읽고, 글을 쓴 나의 솔직한 이야기다. 공개하는 글을 쓰면서 어떻게 다시 글을 써야 하는지 치열하게 고민한 과정을 고스란히 담았다.

거창하지도 대단하지도 않다. 누구나 실천할 수 있는 것들이다.

책은 좋아하지만, 누구처럼 천 권, 만 권을 읽는 것은 꿈도 못 꾸는 나처럼 그저 평범한 사람도 제대로 읽고, 그것을 글로 옮기면서 자신의 이야기를 풀어내고 세상에 꺼내놓다 보면 어느새 내 글을 좋아해주고 공감해주는 '독자'가 생긴다. 더불어 이 과정에서 '집 나간 자존감'은 물론 '내 안의 끓어오르는 나만의 콘텐츠'를 찾게 된다.

뭐든 읽고, 뭐든 쓰고 싶은데 그게 마음대로 잘 안 되는 사람들에게 이 책이 그 문을 열어주는 길이길 바라본다. 조금만 뻔뻔하게 공개하는 글을 쓴다면 글쓰기가 세상 그 어떤 놀이보다 즐겁고 유쾌한, 그것임을 알게 된다.

아프다고, 괴롭다고, 피하거나 두려워하지 말고 그냥 하나하나 적고 써보자고.
그럼 무엇은 안 되어도, 최소한 내가 쓴 글은 남는다고.
그렇게 계속 쓰다 보면 어제보다 오늘 더 잘 쓰기도 한다고 말해주고 싶다.

꼭 무엇이 되고 싶기보다 무엇을 하고 싶기에 읽고 또 쓰다 보면 어느새 '나만 할 수 있는' 이야기가 차고 넘친다는 것을 알 수 있을 것이다.

콘텐츠가 되는 글쓰기는 어쩌면 당신을 작가로, 콘텐츠 크리에이터로 만들어줄 것이다.

2019년 겨울
이윤영

1장

글, 왜 써야만
하는 거니

뭔가를 말하고 싶어서
글을 쓰는 것이 아니라,
할 말이 있어서 글을 쓰는 것이다.

F. 스콧 피츠제럴드

글쓰기는
집 나간 자존감을
찾아준다

일요일 아침 핸드폰이 연신 울려댔다. 주말 아침부터 날 이토록 애타게 찾을 사람이 없는데, '무슨 일이지'라는 생각에 눈도 못 뜨고 핸드폰을 집어 들었다. 전화기를 여기저기 눌러봤지만 진동의 진원지를 찾을 수가 없었다. 바로 그때 이런 메시지가 픽 화면에 떠워졌다.

"조회 수가 10,000을 돌파했습니다."
"조회 수가 11,000을 돌파했습니다."
"○○○ 님이 내 브런치를 구독합니다."

조회 수가 만이라고요? '보고도 믿지 못한다'는 말이 무슨 말인지 그 순간 이해가 되었다. 핸드폰에 나열된 숫자와 글자를 번갈아 보았다.

한 SNS 플랫폼에 글을 '연재'했다. '연재'라는 거창한 단어를 쓴 이유는 나름 일정한 요일에 올리겠다는 굳은 의지를 표명하기 위함이었다. 이 플랫폼은 다른 사람이 글을 읽을 때마다 조회 수가 올라가고, 비교적 큰 단위로 조회 수가 올라가면 발행인에게 그 숫자를 알려주는 기능이 있다. 아마 앱을 깔았을 때 아무 생각 없이 조회 수를 받아보는 기능을 자동 설정한 모양이다. 그래도 '만'이라니 이건 너무 많다. 나는 계속해서 올라가는 조회 수에 정신을 차릴 수가 없었다. 급기야 주말 아침이면 누가 업어가도 모를 남편마저 울려대는 핸드폰 진동에 무슨 일 났냐며 묻는다. 난 아무 일도 아니니 더 자라는 말을 하고, 황급히 휴대폰을 들고 거실로 향했다. 이어 화면에 카톡 메시지 몇 개가 뜬다.

"선배, 이거 선배 글이죠? 완전 재미있어요! 크크."

한동안 연락이 없던 아는 후배와 언니들의 톡이 연이어 올라왔다. 난 그제야 사태가 파악되었다.

한 SNS 플랫폼에 올린 나의 글이 조회 수가 좀 되었던 모양인지 다른 플랫폼 여기저기에 올라간 모양이다. 신기했다. 세상 연락 없던 사람들마저 어제 만난 사람처럼 연락이 왔으니 말이다.

SNS 혐오자였다. 맛집을 좋아하지만 음식 사진 찍는 것은 죽어도 싫었고, 어쩌다 1년에 한두 번 가는 해외여행도 가는 해보다는 못 가는 해가 더 많았다. 1년에 몇백 권을 읽는 다독가처럼 책을 많이 읽지도 못했고 영화를 좋아하지만 글로 남기기보다는 장면을 하나하나 마음에 새기는 것을 훨씬 더 좋아했다.

결론부터 말하자면 SNS를 '해야 할 이유'보다 '안 할 이유'가 더 많았다. 한마디로 딱히 올릴 게 없었다. 그렇게 차 떼고 포 떼고 나니 정말 올릴 것이 없었다. 무엇보다 SNS에 넘쳐나는 정보와 관심도 없는 자기 이야기를 쉴 새 없이 꺼내놓은 사람들에게 굉장한 염증과 피로감마저 느꼈다. 난 그런 것을 하지 않고도 먹고 사는 데 전혀 지장이 없는 사람이라고 여겼다.

'됐다' 싶었다. SNS는 남의 일이고, 내 생에 이런 것을 하는 일은 없다고 생각했다.

하지만 지금 난 매일 SNS에 글을 쓴다. 하루 한 번은 기본이고, 두세 번씩 쓰고 올리는 날도 많다. 그뿐만 아니라 블로그로 시작해 브런치, 일간신문 사이트, 요즘에는 사람이 가장 많이 몰린다는 인스타그램까지 깨작거린다.

"한량 님, 오늘은 글 안 쓰세요?"
"오늘은 책 소개 안 해주세요?"

어느 날 새벽 읽기와 쓰기만 하고 미처 포스팅을 놓친 날이 있었다. 그날, 전날 쓴 글에 이런 댓글이 달렸다. 공개하는 글을 쓰면서 나는 완전히 다른 사람이 되었다. 내 글을 기다리는 '독자'가 있는 것이 나에게 큰 힘이었고, 그것은 잃어버렸던, 집 나간 '자존감'을 되찾아준 가장 큰 무기가 되었다.

평범한 사람들도 블로그나 브런치, 페이스북 같은 SNS를 통해 글을 쓰게 되면 자신과 취미와 생각, 취향이 비슷한 사람을 쉽게 만날 수 있다. 굳이 책을 내지 않아도, 신문이나 잡지에 칼럼을 연재하지 않아도 얼마든지 나만의 '독자'를 만들 수 있는 창구를 마련할 수 있다.

사람들이 간혹 묻는다. 어떻게 그렇게 매일 글을 쓰냐고. 이유는 단 한 가지다. 매일 내 글을 기다리는 사람들이 있고, 내가 그들에게 전하고 싶은 이야기가 많기 때문이다. 그렇다고 대단한 정보, 엄청난 감동, 웃다 지쳐 쓰러질 만큼 재미있는 글도 아니다. 그저 내가 일상에서 느낀 감정과 생각을 서툴지만 하나하나 솔직하게 적었을 뿐이다.

나는 어떻게 하면 더 진정성 있는 글을 쓸지 생각하고 또 메모한다. 책을 읽다가도 내 심장을 강타한 문장을 만나면 바로 사진을 찍거나 핸드폰 메모장을 연다. 이제 공개하는 글쓰기는 내 삶에서 가장 중요하고 우선시되는 일이다.

"포스팅 하나하나 엄청 도움이 됩니다. 오늘도 감사해요."

나는 믿는다. 혼자 쓰는 골방 글쓰기로는 그 누구도 밑바닥으로 떨어졌던 자존감을 다시 찾을 수 없다. 다른 사람과 소통하면서 써나가는 공개 글쓰기야말로 진짜 자존감을 회복해주는 최고의 방법이자 혼자 할 수 있는 유일한 '자존감 수업'이다. 내 글이 단순히 읽고 소비되는 글이 아닌 누군가에게 도움이 된다는, 피가 되고 살이 된다는 말은 무너지고 잃어버렸던 자존감을 다시 찾게 해준다.

평일 오전 집안일을 최대한 빨리 끝내고 나서 근처 카페로 향한다. 읽어야 할 책과 노트북을 잔뜩 짊어지고 카페에서 가장 편안한 자리에 앉아 글을 쓴다.

그때 나는 누구의 아내, 누구의 엄마도 아닌 그저 자존감 가득한 '글 쓰는 사람'이 된다.

글쓰기는
흩어진 생각을
정리해준다

남편은 유별난 '정리 결벽증' 환자다. 가끔 TV에 비슷한 증상을 보이는 사람들이 출연하면 저 정도 수준은 애교라는 듯 코웃음을 친다. 아이가 어렸을 때 밤마다 책을 읽어주었다. 때때로 나도 모르게 아이와 잠들어버린 적이 많았다. 그러던 어느날, 늦은 밤 부스럭거리는 소리에 놀라 잠에서 깼다. 소리의 진원지는 늦게 귀가한 남편이었고, 남편은 조심조심 무언가 하고 있었다.

"뭐 하는 거야?"

잠에서 덜 깬 나는 신경질적으로 한마디 던졌고, 남편은 자라는 듯 고개만 끄덕였다. 다음 날, 남편이 정리해놓은 아이의 책장을 보고 놀라지 않을 수 없었다. 순서대로 가지런히 꽂힌 책을 보자 어이가 없었다. 나는 유별난 남편의 '정리 결벽증'이 싫었다. 매일 늦은 밤에 들어와 겨우 몇 시간을 자고, 다시 출근하는 빡빡한 일정을 소화하는 그다. 나 같으면 조금이라도 더 자고 싶어 수단과 방법을 가리지 않겠지만, 그는 그 시간에 들어와 나와 아이 옆에 어지럽게 펼쳐진 책을 모아 어둠 속에서 정리한다. 도통 '기행'에 가까운 그 행동을 이해할 수 없었다.

어릴 때부터 '정리'는 나의 삶과 아주 관계가 없다고 생각했다. 수학과 과학보다 문학과 예술을 좋아했던 나에게 정리는 그저 '이과적인' 능력이 있는 아이들에게 필요한 것이라고 여겼다. 난 그쪽 방면에 관심도 없었고, 무엇보다 '정리하지 않고' 살아보니 큰 어려움도, 불편함도 없었다. 오히려 완벽한 정리 습관이 전방위적인 예술 감성을 방해한다고 생각했다. 신혼 때부터 우리는 이 부분으로 엄청난 갈등을 겪었다. 남들은 정리 잘하는 남편을 부러워하지만 눈앞에 보이는 것들이 모두 정리되길 바라는 남자와 사는 것은 그리 쉬운 일이 아니다. 그런데 정리를 그토록 '증오'하던 내가 본격적으로 글을 쓰고 난 후 시키지도 않는 정리를 한다. 아침에 일어나 침대 위를 정리하는 것으로 하루를 시작하고, 잠이 들기 전 집안 곳곳에 어지럽게 펼쳐진 책을 책장에 꽂고, 여기저기 놓인 컵을 정리한다.

어느 날, 남편이 나에게 묻는다. 요새 왜 그러냐고, 어디 아픈 거 아니냐고. 나도 내가 이렇게 변할 줄 몰랐다. 하지만 글쓰는 습관이 들고 생각을 하나하나 정리해나가자 나도 모르게 흩어진 옷가지며 어지러운 책상이 눈에 거슬렸다. 그래서 그것들을 하나씩 정리했다. 그러고 나니 한결 글쓰기에 집중이 잘되고, 생각도 잘 정리되는 듯했다. 비단 글쓰기 때문에 집안 곳곳을 정리한 것은 분명 아닐 것이다. 글쓰기를 하면서 내 안의 생각이 정리되니, 나도 모르게 주변의 흩어진 사물을 정리하고 싶은 욕구가 자연스럽게 생긴 것은 아닐까 싶다.

글쓰기 수업 첫 시간에 수강생들에게 제일 먼저 하는 질문이 있다. 바로 글쓰기를 왜 하고 싶은가에 대한 물음이다. 열명 중에 아홉 명 이상이 '그동안 해온 일을 정리하고 싶어서', '흩어진 생각을 정리하고 싶어서' 글을 쓰고 싶다고 말한다.

글쓰기를 하면 과연 이런 것들이 가능해질까?
'말'은 한번 뱉고 나면 날아가 버려 어떤 말을 했는지 말한 사람조차 기억하지 못하는 경우가 허다하다. 하지만 글은 그렇지 않다. 글로 자신의 생각을 쓰고 고치다 보면 저절로 생각이 정리된다.

말과 달리 글은 눈으로 보이기 때문에 논리가 부족하거나 비약이 심한 부분을 금방 알 수 있다. 말하기가 서툰 사람도 글쓰기를 병행한다면 금방 일목요연하게 말하는 것이 가능하게 된다. 가끔 말할 때 자신이 하고도 무슨 말을 했는지 모르겠다는 사람이 많다. 이말 저말 반복하기도 하고, 똑같은 말을 여러 번 되뇌기도 한다. 더불어 핵심을 이야기하지 못하고, 모호하고 상투적인 단어의 나열로 의미 파악이 안 되는 경우도 비일비재하다. 지속적인 글쓰기를 하다 보면 이런 부분이 말끔하게 해결된다. 이야기할 때 자꾸 주제를 벗어나는 말을 하는 사람, 그리고 어느새 '삼천포'로 빠져 생각과는 다른 비유와 예시로 말하는 사람을 자주 본다. 말하기 전 잠깐 짬을 내어 할 이야기를 글로 한번 정리해보자. 그럼 훨씬 더 알찬 이야기를 할 수 있을 것이다.

글쓰기는 내 생각을 잘 정리해주는 그런 존재다.

글쓰기는
위로다

아버지는 평생 읽고 쓰는 일을 자주 하셨다. '자주'라는 표현을 쓴 것은, 쓰는 것을 '업'으로 하신 분이 아니기 때문이다. 고단한 생업을 마치고 집에 오시면 간단한 인사말 몇 마디만을 남기시고, 항상 책상에 앉아 무언가를 쓰고 읽으셨다. 지금도 명절이나 생신 때 온 가족이 모여 식사하고 나면 아버지는 하실 말씀만 하시고, 방으로 직행하신다. 커다란 책상에 앉아 조용히 성서를 필사하시거나 일기를 쓰신다.

우연히 아버지의 책상을 치우다 펼쳐진 노트 두 권을 본 적이 있다. 한 권은 농사 일지였다. 15년 전 귀농하신 아버지는 그날그날 작업한 일을 적고 잘된 점, 아쉬운 점, 다음 날 할 일을 빼곡히 적으셨다. 그리고 다른 노트는 일과뿐만 아니라 생각을 정리하고, 기록하는 '일기장'이었다. 오늘은 누구와 만나 어떤 이야기를 나누었는지, 마을 회관에서 어떤 약주를 마셨는지, 어떤 자식이 무엇을 사 왔는지까지 세밀하게 적어놓으셨다. 몇 년 전 칠순 잔치에서 약주를 한잔하신 아버지는 우리 5남매와 사위, 며느리 앞에서 이런 말씀을 하셨다.

"내 부모가 나에게 준 것은 빚밖에 없었다."

아직도 이 말이 뇌리에서 잊히지 않는다. 읽고 쓰기를 무척이나 좋아하고, 잘했던 아버지는 부모가 남긴 빚을 갚고, 할아버지를 대신해 동생들의 학업과 결혼 그리고 자식 5명을 먹이고 입히며 공부시키느라 청춘을 고스란히 바치셨다.

내 기억에 아버지는 단 하루도 글을 쓰지 않았던 날이 없었다. 평범한 노동자가 읽는 책으로 보기에는 거창한 제목의 책들을 누런 서류 봉투로 꽁꽁 싸서 가지고 다니셨고, 그 옆에는 노트 한 권이 언제나 함께했다. 아직도 친정 서재에는 그때 그 책이 가득하다.

예전에는 우리와 많은 말을 하지 않는 아버지를 원망했던 적도 있었다. 하지만 얼마 전 묵묵히 책을 읽고 글을 쓰는 아버지의 뒷모습을 보며 난 이런 생각을 했다.

팔순이 가까운 나의 노부가 지금껏 읽고 쓰는 이유는 어쩌면 자신이 갈 수 없었고, 펼쳐보지 못한 '길'에 대한 '한' 맺힌 위로가 아닐까. 매일 밤 읽고 쓰며 원 없이 읽고 쓰지 못한 자신의 청춘과 삶을 '위로'하고 또 '위로'했을 것이다. 읽고 쓰는 것은 아버지가 할 수 있었던 '유일한 사치'였다.

아버지의 글쓰기가 자기 자신을 위한 위로였다면 나의 블로그 글쓰기는 뜻하지 않게 많은 사람을 위로하는 글이 되었다.

"오늘 한량 님의 글이 절 위로하네요. 고맙습니다."
"한량 님 덕분에 오늘 10년 동안 개점휴업이었던 블로그를 열었습니다."

어느 날 블로그에 무심코 올린 글에 이런 댓글이 달렸다. 처음에는 깜짝 놀랐다. 나의 사소한 일상의 이야기가 누군가에게 위로를 줄 수 있을 거라고는 미처 상상도 못한 일이었다. 게다가 나의 글쓰기 이야기와 다양한 방법 등을 따라 하며 오랫동안 글쓰기에 대한 두려움으로 글을 멀리했던 사람들이 글을 쓰고, 휴업이었던 블로그를 다시 열었다는 소식은 '위로'를 넘어 나를 울게 했다.

'위로'의 사전적 의미는 '따뜻한 말이나 행동으로 괴로움을 덜어주거나 슬픔을 달래주는 행위'를 말한다. 사람들이 왜 글을 쓰는지, 심지어 왜 써야 하는지 자주 물을 때마다 평생 글쓰기로 자신을 '위로'했던 아버지의 이야기를 하곤 한다. 더불어 내가 쓴 블로그의 글이 다른 사람들에게 위로가 되었던 사례를 들려준다.

글쓰기를 하지 않아도 사는 데 큰 지장도 없고, 무리도 없다. 오히려 글을 쓰지 않으면 사는 것이 편안할 수도 있다. 이상한 댓글에 시달리지 않아도 되고, 자신의 감정을 제대로 표현하지 못한 서툰 글을 보며 괴로워하지 않아도 된다. 하지만 한평생 매일 읽고 쓰는 아버지처럼 나는 매일 아침 글을 쓰며 이런 생각한다.

오늘의 내 글이
누군가의 눈물을 닦아줄 수 있는
작은 손수건이기를,

오늘의 내 글이
누군가의 지친 어깨를 살짝 쳐주는 무심한 듯 보이는
손길이기를,

오늘의 내 글이
잠든 아이가 깰까 봐 이불을 뒤집어쓰고 쓴
필사문 한 줄이기를,

오늘의 내 글이
종일 높은 힐로 퉁퉁 부어버린 발을 풀어줄
조금 따끈한 물이기를,

마지막으로
오늘의 내 글이
고단한 하루를 보낸 나에게 전하는
따뜻한 위로이길 바라본다.

글쓰기는 나에게 주는 위로이자 다른 이에게 주는 위로다.
그거면 족하다.

공감과 소통을 부르는 글쓰기

집 근처 작은 도서관에 자주 간다. 잘 알려지지 않은 작은 도서관이라 꾸준히 가니 담당자와 어느새 편히 인사를 나누는 사이가 되었다. 어느 날, 담당자가 나에게 직업을 물었고, 도서관에서 글쓰기 특강을 한번 해달라고 요청했다. 정작 내가 사는 지역에서는 수업해본 일이 없어 잘됐다는 생각에 냉큼 수락했다. 며칠 뒤 수업을 시작했다. 주 수강생은 5년 넘게 독서 동아리를 해온 사람들이었다. 오랜 독서 공력이 말해주는 듯 그들은 읽은 책에 대해 잘 정리했고, 토론 발언도 뛰어났다. 간단한 토론을 마치고, 글쓰기 수업을 이어갔다. 하지만 '글쓰기'라는 말이 떨어지기 무섭게 여기저기에서 앓는 소리가 나왔다. 글쓰기는 어렵다, 두렵다, 부끄럽다 기타 등등 언제나 첫 수업 때 들리는 말이 이어졌다. 이미 여러 차례 이런 경험을 했던 터라 당황하지 않고, 다음 수업 전날까지 쓰고 싶은 글을 마음껏 써서 제출할 것을 요구했다.

일주일 내내 과연 몇 명이, 어떤 글을 낼까, 살짝 긴장되기도 했다. 마감 당일 아침부터 메일함에는 글들이 도착하기 시작했다. 엄살을 피우던 그들이 맞나 싶게 꽤 많은 글을 제출했다. 글쓰기에 대한 두려움은 어디에도 찾을 수 없었다. 마치 오랫동안 글쓰기를 기다렸다는 듯 자신의 이야기를 털어놓는 글에 놀라지 않을 수가 없었다.

다음 날, 수업 시간이 되었고, 한 사람씩 자신의 글을 낭독하는 시간을 가졌다. 40대 초반 갑자기 찾아온 암과 전쟁을 치르며 사람들과 만남이 편치 않았던 이야기, 갱년기 우울증, 사춘기 아들과의 갈등 사이에서 몹시 힘든 하루하루를 보내는 이야기, 점점 자신을 기억하지 못하는 친정엄마 앞에서 괴로운 하루를 보내는 이야기 등 그간 독서 토론에서는 느낄 수 없었던 서로의 이야기에 모두 숨죽이며 울음을 토해냈다.

무려 5년간 함께 읽고 이야기를 나눈 멤버들이다. 하지만 글을 통해 만난 그들은 지금껏 함께 독서 토론을 했던 그 사람들이 아닌 것 같다는 소감을 털어놓았다.

글은 이런 존재다. 말로는 설명하기 불가능한 '무엇'이 글

쓰는 사람들 사이에는 흐른다. 글로 만나는 사람은 책으로 만난 사람과 그 밀도가 다르다. 더 솔직하고, 더 자신이 드러난다.

그래서 글을 나누는 사이는 나이의 고하, 성별을 막론하고 누구나 친구가 된다.

온라인에서 글 쓰는 수업의 멤버들과 오프라인 수업을 했다. 경기도 광주, 일산, 인천 등 나를 빼고는 모두 한 시간은 넘는 거리를 열 일 제치고 달려온 그들은 보자마자 서로를 반가워했다. 프로필 사진으로만 보던 멤버들을 직접 보니 왠지 더 설레는 느낌이었다. 간단한 자기소개를 하자 족히 20년은 넘게 나이 차이가 났다. 한 멤버는 우스갯소리로 "첫사랑에 성공했으면 딸뻘이네요."라는 말을 남기기도 했다. 한 도서관에서 했던 에세이 작가 과정에는 20대 초반부터 70대 어르신까지 함께했다. 아마 '글'이 아니었다면 이런 조합은 꿈도 꾸지 못했을 것이다.

글이란 이렇게 세대와 성별, 나이를 초월하게 해준다. 함께 글을 쓰고 나누다 보면 어느새 친한 친구가 된다. 친구란 함께 '기억'할 '추억'이 있는 사람이라고 생각해왔다. 그런데 글쓰기로 맺어진 친구나 글을 함께 나누는 사람들은 자연스럽게 '글'을 통해 함께 '기억'하고 '추억'할 것이 생긴다. 그래서 금방 친구가 되고, 어떤 관계보다 끈끈한 소통을 할 수 있다.

블로그에 글을 쓰다 보면 이웃이 생긴다. 댓글과 하트로 공감을 나누고, 소통하다 보면 어느새 옆집 사는 친구보다 저 멀리 외국에 거주하는 이웃과 더 많은 소통을 하게 된다.

글쓰기란 공감과 소통을 부르는 그것이다. 더 이상 한동네에 산다는 이유로, 같은 학교에 다녔다는 이유로 친구가 되는 시대는 지났다. 글로 만나 서로 공감하고 소통하며 새로운 21세기형 친구를 만드는 것, 그것이 바로 공개하는 '글쓰기'다.

글쓰기, 참 쉽다

사람들이 글쓰기를 부담스러워하고, 두려워하는 이유 중 하나는 '형편없다고 생각'하는 자신의 글쓰기 '실력' 때문이다. "글은 그 사람이다."라는 말이 있다. 이 말은 그 사람이 쓴 글이 그 사람의 전부이자 자체라는 뜻이다. 말은 현란한 '화술'에 의지해서 번지르르하게 할 수 있지만 글은 거짓을 말할 수 없다. 그래서일까? 사람은 유독 글쓰기에 두려움을 느끼고 공포감마저 느낀다. 글쓰기에서 자유로운 사람을 만나기란 매우 어렵다.

69년생 선영 씨를 만난 것은 한 도서관에서 열린 글쓰기 강좌였다. 첫 시간, 그동안의 글쓰기 경험을 묻는 말에 그녀는 초등학교 때부터 지금까지 근 40년 넘게 매일 일기를 써왔다고 했다. 인내력 제로로 뒤늦게 글쓰기 재미에 빠진 나에게 선영 씨는 부러움의 대상 그 자체였다.

하지만 첫날 화려한 자기소개와는 다르게 그녀는 7주 동안 진행하는 글쓰기 수업 시간에 단 한 번도 글을 제출하지 않았다. 회유와 협박, 위트와 유머로 거듭 설득과 압박을 가해봤지만 그녀는 매번 '빈손'으로 수업에 임했다. 보통 글을 제출하지 않는 사람들은 자연스럽게 결석하는 경우가 잦았지만 그녀는 한 번도 결석하지 않았다. 다른 사람들의 글을 읽고 함께 나누는 것만으로도 좋은 경험이고, 당시 수강생들의 열의가 차고 넘쳐 매주 합평 시간이 모자랄 정도였다. 그래서 후반으로 갈수록 선영 씨를 조금 잊고 있었다. 드디어 8주, 수업의 마지막 날이 되었다. 그동안 쓴 글로 작은 문집을 만들고, 낭독회를 열었다. 모든 낭독이 끝나고 자신의 차례가 된 선영 씨는 그동안 글을 제출하지 못한 이유를 설명했다.

선영 씨는 20년 차 현직 고등학교 국어 교사로 국문과를 졸업했고, 학창 시절 글을 꽤 쓰던 문학소녀였다고 한다. 하지만 교사로 생활하다 보니 아이들의 글을 첨삭하느라 정작 자신의 글을 써본 지는 아주 오래되었다고 했다. 더불어 행여 자신의 글에서 직업이 노출되면 "국어 교사가 그 정도밖에 못 써?"라는 말을 들을까 싶어 그동안 글을 낼 수 없었다며 뒤늦은 고백을 했다.

　그리고 그동안 다른 사람들이 받은 칭찬과 격려에 힘입어 마지막 날이지만 글을 써왔다며 수줍게 내놓았다. 우리는 우레와 같은 박수를 치며 글을 함께 읽어 내려갔고, 선영 씨는 세상에서 다시없을 칭찬을 받으며 글쓰기에 자신감을 얻었다.

　나 역시 그녀와 비슷한 경험을 한 적이 있다. 나는 흔히 말하는 독서광도 아니었고, 문학소녀와는 거리가 먼 아이였다. 어린 시절부터 읽고 쓰는 것보다는 보고 말하는 것에 더 열광했다. 한창 공부해야 하는 입시 준비 기간에도 방영 중인 드라마는 반드시 보고 말아야 했고 글과는 아예 거리가 멀었다. 일찍부터 신문방송학과를 점찍어두었지만 부진한 성적으로 언감생심 원서조차 꺼낼 수 없었다. 차선책으로 찾은 곳은 국어국문학과였다. 불행인지 다행인지 나처럼 읽고 쓰는 것보다는 보고 말하는 영역에 관심이 있던 친구가 많아 대학 시절에도 영화와 공연, 연극을 열심히 보러 다니며 글과는 관련 없이 살았다.

　글을 쓰지 않아도 충분히 재미있는 놀 거리, 즐길 거리가 많았다. 그러던 어느 날, 잊을 수 없는 글쓰기에 대한 트라우마가 생긴 한 사건이 발생했다. 문학비평 시간, 평소에 좋아하는 작가의 서평을 써오라는 과제가 있었다. 아무리 문학적인 소질이 없었던 나지만 좋아하는 작가에 대해서는 몇 자 끼적일 수 있을 것으로 생각했다. 누구보다 열심히 썼다. 창작은 안 되지만 비평은 가능할 수도 있겠다는 생각도 겁 없이 했다. 밤을 새워서 자료를 찾고, 여러 비평가의 글을 읽으며 나만의 시선으로 작품을 요리조리 뜯어보았다. 며칠 밤을 새워 완벽하지는 않지만 그래도 구색은 갖추었다고 여기고 서평을 제출했다.

하지만 나의 '근거 없는 자신감'은 무참히 깨지고 말았다. 교수님과 선후배, 동기에게 처음부터 끝까지 단 한 줄도 빠지지 않고 지적을 당한 서평은 빨간 종이가 되어 내 손에 쥐어졌다. 그날 이후 글쓰기에 자신감을 잃었다. 가뜩이나 글쓰기에 재주가 없어서 항상 학과를 빙빙 맴돌던 나는 '어린 시절 책을 읽지 않은 벌을 이렇게 받는구나'라는 자괴감에 한동안 힘든 나날을 보냈다. 그때 글은 다시 쓰지 않을 것이라고 생각했다.

그랬던 내가 매일 블로그에 글을 쓴다. 블로그 글쓰기는 나에게 '담'처럼 걸려 있던 부담감을 덜어주고, 즐겁고 유쾌하게 글을 쓸 수 있는 다양한 방법을 알려주었다.

블로그나 브런치, 페이스북 등 각종 SNS에 생각을 정리해서 간단하게 글을 올려보자. 내가 잘 아는 분야, 좋아하는 것, 가장 관심 가는 것을 하나씩 올리다 보면 조금씩 글쓰기를 재미있어 하는 나를 발견할 수 있다. 두려워 말자. 그저 가볍게 시작하자.

블로그에 매일 글을 쓰는 일은 누구나 할 수 있다. 어렵지 않다. 너무 쉽다. 핸드폰만 있으면 언제 어디서나 손쉽게 할 수 있는 세상에서 제일 간단한 글쓰기 방법 중 하나다. 문학을 전공하지 않아도 되고, 글쓰기를 한 번도 안 해본 사람도 된다. 글쓰기에 대한 트라우마가 있는 사람도 된다.

글쓰기가 쉽진 않다. 어렵다. 할수록 답이 없고, 길이 안 보이기도 한다. 하지만 언제까지 그런 이야기에 사로잡혀 세상에서 가장 쉬운 자기표현 수단을 버리고 살 것인가.

글쓰기, 못 할 이유가 없고, 안 할 이유는 더 없다. 제발 쉽게 하자. 누구나 할 수 있고, 아무나 할 수 있다.

글은
살아 움직이는
유기체다

누구나 글을 쓰고 싶고, 더 나아가 자신의 이야기를 책으로 만들고 싶어 한다. 나 역시 그런 생각에서 이 책을 쓰고 있지만 나뿐만 아니라 이런 생각을 하는 사람을 자주 볼 수 있다.

가수 윤종신이 에세이집을 출간했다. 오랜 시간 동안 노래를 부르고, 직접 만들고, 대중에게 사랑받았지만 그 역시 음악만으로는 자신의 이야기를 표현하는 데 한계를 느낀 것은 아닐까 싶다. 누구나 자신의 생각을 표현하고 싶어 한다. 인간의 본능이다. 말과 글뿐만 아니라 노래, 그림 등 자신을 표현하는 방법은 다양하다. 그러나 그중에서 기본은 글이다. 문제는 단 하나, 잘 써야 한다. 일단 시중에 나온 글쓰기 책을 보면 잘 쓰기 위해서는 꾸준히 매일, 오랫동안 써야 한다고 적혀 있다. 노래나 그림, 악기 등도 배우는 데 시간과 노력이 많이 들지만 글쓰기도 오랜 숙성과 훈련의 기간이 절대적으로 필요하다고 말한다.

하지만 우리에게 시간이 많지 않다. 세상은 매일매일 빠르게 변화하고, 내가 한 말과 비슷한 말은 여기저기에서 생산되어 또 누군가에게 읽히고 있다. 언제까지 매일 골방에서 쓰기만 하란 말인가. 이렇게 쓰기만 하면 정말 잘 쓰게 될까 막연하다. 앞이 보이지 않는 듯하다.

나는 공개 글쓰기를 하기 전 꽤 오랫동안 노트에 책을 필사하고, 단상을 썼다. 이 글이 도대체 읽을 만한 가치가 있는 글인지 궁금했다. 우연한 기회에 블로그에 하나둘씩 옮기기 시작했고 마침내 몇 달이 지나자 나의 글에 많은 사람이 관심을 보이기 시작했다. 공개하는 글쓰기를 하면 좋은 점은 다른 사람의 반응을 바로바로 알 수 있다는 것이다. 이른바 살아 움직이는 글쓰기가 가능해진다. 내가 어떤 글을 올리면 댓글로 질문이 쏟아진다. 이 글로 다시 나는 댓글을 달고 나만의 생각과 다른 이의 생각을 알 수 있다. 공개 글쓰기는 어쩌면 함께 쓰는 글쓰기의 다른 이름이 아닐까 싶다.

어느 날, 블로그에 이런 질문이 들어왔다.

"개인적인 경험이나 이야기를 블로그에 써도 되나요?"

　너무 깜짝 놀랐다. 내가 블로그를 글쓰기 도구로 이용하는 사람인데 이게 무슨 질문일까라는 의구심마저 들었다. 찬찬히 속내를 들어보니 블로그를 마케팅 수단이나 체험단 등으로 이용하는 것으로만 알았다고 했다. 마침 글쓰기에 대한 갈망이 있어서 이것저것 검색하다 우연히 내 블로그에 들어오게 되었다고 했다. 하지만 막상 자신의 글을 올리려고 하니 아는 사람이 들어오진 않을까, 내 글을 누가 알아보진 않을까 걱정이 이만저만 아니라는 것이다.

　공개하는 글을 쓰기로 마음먹었다면 일단 가벼운 마음으로 내 이야기를 다양한 플랫폼 중 하나에 매일 꾸준히 올려보자. 페이스북도 좋고, 블로그도 좋다. 당연히 인스타그램도 좋다.

　나보다 글 잘 쓰는 사람 물론 많다. 그들은 잠시 잊자. 그들은 그들이고, 나는 나다. 하루하루 적고 올리다 보면 내가 어떤 분야의 글을 좋아하고, 어떤 분야의 글이 친숙한지 정말 빨리 알 수 있다. 노트북 속에 숨겨두는 이야기와 글로는 결코 알 수 없다. 이것이 새로운 글쓰기 방식이다.

　글은 살아 있는 유기체다. 사람들과 소통하면서 써야 한다. 골방에서 혼자 끙끙 앓으면서 쓰는 글은 더 이상 진정한 글이 아니다. 이것이 공개하는 글과 비공개하는 글의 극명한 차이다. 글을 공개하지 않으면 사람들이 무엇을 좋아하는지, 내가 어떤 이야기를 잘 쓰는지 결코 알 수 없다. 어쩌면 수십 년 동안 썼지만 '나만 좋아하는' 글을 '죽도록 쓰고만' 있을지도 모른다. 공개하는 글쓰기가 익숙하기 위해서는 '완벽함'을 살짝 내려놓아야 한다. SNS를 처음 시작할 때는 당연히 어설프고 서툴다. 정리되지 않은 단상을 올리기도 하고, 유치하기 그지없는 글을 쓰기도 한다. 하지만 글을 잘 쓰기 위해서는 그런 과정을 반드시 거쳐야 한다. 잘 다듬어지고 완벽한 글을 쓸 수 있으면 더할 나위 없이 좋겠지만 아직 그 정도 실력까지 갖추지 않았을 거다. 그래도 계속 올리면 된다. 부족하니까 써야 한다. 서툰 글이라도 자꾸 공개하다 보면 어느새 조금씩 달라지는 글을 볼 수 있다. 블로그나 SNS는 완벽한 글을 올리는 창구가 아니다.

"아무 일도 하지 않으면 정말 아무 일도 일어나지 않는다."

내가 만약 블로그에 글을 올리지 않고 지금껏 있었다면 이 글도 쓰지 못했을 것이다. 처음 SNS에 글을 올리면 누가 볼까, 혹시 아는 사람이라도 들어오면 어쩌나 고민한다. 그러나 여기서 잠깐, 생각해보면 사람들은 의외로 다른 사람의 삶에는 그렇게 관심이 없다. 자기 살기 바쁜데 나의 SNS 계정을 일일이 둘러보고, 찾아오는 일은 의외로 흔하게 생기지 않는다. 주변에 자신의 계정을 널리 알리지 않는 이상 구독자가 천 명이 넘어도, 진짜 아는 사람들이 들어오기란 쉽지 않다.

일단 가벼운 마음으로 오늘 만난 사람, 읽고 있는 책, 어제 본 영화, 핸드폰 속의 사진이나 TV에서 봤던 이야기 등을 매개로 가볍게 생각을 하나씩 정리해보고 이를 글로 남겨보자. 그리고 그것을 올려보자. 그러면 한두 달 뒤 달라진 자신의 모습을 보게 될 것이다.

가끔 블로그에 처음 올렸던 글을 읽어본다. 정말 눈 뜨고는 볼 수 없는 글이다. 아니 사실 글이라기보다는 읽고 본 책과 드라마의 발췌에 가까운 글이다. 하지만 그 글들이 없었다면 지금의 나는 없다. 공개하는 글은 당연히 '성장'할 수밖에 없다. 남들에게 보이는 글, '독자'를 인식하고 쓴 글이기에 더 좋은 내용과 더 나은 콘텐츠를 쓰려고 노력한다. 당신의 글이 아직도 제자리걸음을 걷고 있다고 생각하는가. 그럼 글을 공개해보자. SNS가 부담스럽다면 오프라인으로 글쓰기 모임을 만들어도 좋고, 글쓰기 전문 카페 모임도 적극적으로 활용해보는 것도 좋다. 누군가에게 보여주고 공개한 글은 성장을 부르고, 하루하루 성장을 보고 느끼면 다음 날도 그다음 날도 또 쓰고 싶어진다. 왜냐하면 글은 살아 있는 유기체기 때문이다.

어른의 성장은
기록이다

단체 카톡방으로 운동하는 모임에 참여했다. 내가 이 말을 하면 많은 사람이 웃는다. 어떻게 운동을 카톡으로 한다는 말인가. 이 모임은 운영자가 주마다 요가 동작이 담긴 유튜브 영상을 공유하면 이를 함께 따라 하고 매일 수련한 시간의 인증 사진과 수련 내용을 단톡방에 올리는 모임이다. 한 달에 서너 번 정도 구체적인 수련 동작에 대한 인증 사진을 올리면 운영자가 이를 보고 간단한 코멘트를 남겨준다.

이 모임에 7개월 동안 참여했다. 운동에 대한 필요성은 절실했다. 하지만 출퇴근 시간 없는 '주부'라는 직업과 글 쓰는 삶을 사는 나의 입장에서 틈새 시간에 자유롭게 할 수 있는 운동 프로그램을 찾는 것은 생각보다 쉽지 않았다.

처음 한두 달은 몸에 익지 않는 운동에 대한 정보 부족과 기록 남기기가 힘들어 제대로 할 수가 없었다. 매일 혼자서 운동하는 것도, 시작 선에 미리 시간 타이머를 걸어놓는 것도 모두 어색했다. 깜빡하고 타이머를 놓치는 날도 허다했고, 동영상을 보면서 하는 통에 요가를 하는 건지 마는 건지 알 수 없는 날도 부지기수였다. 가장 힘들었던 것은 하나하나 복기하며 단상을 남기는 것이었다. 움직임도 어설프고 낯선데 입과 귀에 익숙하지 않은 동작 명까지 일일이 적고, 한 후의 느낌을 적는 일은 괴롭기까지 했다. 하지만 운영자의 반강제적인 '마감 고지'와 '회유와 협박'에 이끌려 한 달, 두 달, 석 달 수련을 이어 가자 비로소 버거웠던 동작이 하나씩 몸에 익기 시작했다. 얼마 전 평생 몸치였던 내가 이렇게 7개월 정도, 그래도 운동이라는 것을 하는 이유가 뭘까 곰곰이 생각해보았다. 그건 바로 기록의 힘이었다. 요가수련 시간과 동작명 기록은 필수지만 단상을 쓰는 것은 강제 사항이 아니었다. 하지만 단상을 쓴 날과 쓰지 않은 날은 확연하게 차이가 났다. 그것은 다음 날 몸으로 느껴졌다. 운동하고 시간을 기록한 후 요가 동작을 하나하나 적으면서 당시의 느낌과 생각에 집중해서 단상을 쓰다 보면 어느새 오늘 수련한 동작의 장단점, 나에게 맞는 정도, 고칠 점 등이

머릿속에 파노라마처럼 지나간다. 이런 과정을 거치면서 자신의 부족한 점을 알게 되고, 자연스럽게 다음 수련에서 집중해야 할 방향을 세운다. 이렇게 계속하다 보면 안 되던 동작이 되고, 어색했던 동작명이 입에 붙는다.

기록할 때마다 성장하고 달라지는 것을 스스로 느낀다.

'뭐 하러 그런 것까지 올려?'
'매일 똑같이 적는 게 무슨 소용이 있어?'

매일 요가를 하고 단상을 적는 나에게 주변에서는 이런 핀잔 섞인 말을 전하곤 했다. 하지만 약 7개월간 꾸준히 요가 동작을 기록하고 그것에 대한 느낌을 쓴 나는 분명 달라졌다. 살이 빠지거나 외모가 몰라보게 달라지지는 않았지만, 나 스스로 느끼는 몸의 변화는 분명했다.

피곤하다는 말을 입에 달고 살았다. 하지만 지금은 그 말을 하는 횟수가 점차 줄어들었고 고질병처럼 달고 다니던 다리 통증도 한결 나아졌다.

기록은 힘이 세다. 매일 감사 일기를 쓰는 사람, 매일 다이어트 식단을 올리는 사람, 매일 글을 필사하는 사람이 많다. 매일 똑같은 기록을 반복적으로 썼을 뿐이다. 하지만 그 기록이 쌓이고 쌓여 일정 시간이 지나면 그 힘은 어마어마하다. 그것은 더 이상 단순한 기록이 아니다.

　모든 글쓰기의 시작은 기록이다. 기록하면 기억되고, 기억된 것은 잊히지 않는다. 그 기록이 모여 어느 순간 글이 되고, 그것이 나의 삶을 다르게 바꿀 수 있는 기초가 됨을 느낄 수 있을 것이다. 이유는 기록이 반드시 성장을 부르기 때문이다. 미친 척하고 딱 한 달만 적어보자. 물을 마신 양도 좋고, 식단도 좋다. 새벽 기상 인증 사진도 좋다. 그저 아무거나 딱 한 달 적어보자. 기왕 적는 것이면 자신의 부족한 면이나 평소 가지고 싶었던 습관을 기록하면 더 좋다. 한 달 후 기적 같은 일이 일어날 수도 있기 때문이다. 한 달, 당신의 삶이 달라졌다는 것을 느낄 수 있다.

　글은 누구나 쓸 수 있다. 아니 정확히 말하면 아무나 쓸 수 있다. 한글만 깨우치면 누구든 쓸 수 있는 게 글이다. 하지만 글을 처음부터 잘 쓰기란 쉽지 않다. 일단 시작은 단순한 기록으로 시작해보자.

　글을 조금 잘 쓴다는 것은
　어쩌면 조금 더 일찍

조금 더 자주

조금 더 많이

생각하고

그것을 기록했다는 것뿐이다.

글쓰기가
필요하지 않은 인생은
없다

매일 아침 블로그에 글을 쓴다. 한 개를 쓰는 날도 많지만 블로그 시작 초창기에는 네다섯 개를 올린 날도 꽤 많았다. 하고 싶은 말, 쓰고 싶은 글이 차고 넘쳤다. 말 못 한 귀신이라도 씐 사람처럼 블로그에 내 생각을 마구 올렸다.

한때 글쓰기는 내 인생에서 더 이상 필요 없다고 생각했다. 어쩌면 글쓰기가 내 삶을 방해하는 것이라고 여겼다.

기억을 더듬어보면 본격적으로 다시 글쓰기가 필요한 인생으로 돌아선 계기는 '읽기' 때문이었다. 아이가 어느 정도 크고, 도서관에서 진행하는 독서 모임에 나갔다. 20대에서 60대까지 열 명 남짓한 사람이 모여 평일 오전에 독서 토론을 했다. 독서 토론을 두 시간 정도 하고 나면 이해되지 않았던 책 속 문장이 눈에 들어오고, 흐릿했던 내용이 명료해짐을 느꼈다. 비교적 분량이 꽤 많은 책을 읽어야 했기에 토론 후의 느낌이나 단상, 좋은 발언 등은 기억하고 싶었다. 아쉽고 아까웠다. 그러던 어느 날, 토론하고 돌아오는 길에 우연히 카톡창에 그날의 이야기, 인상 깊었던 발언, 발췌 등을 옮겨놓았다. 카톡에 글을 올려놓으니 시간이 날 때마다 틈틈이 보기에 편했다. 일찍 도착한 약속 장소에서, 버스를 기다리는 정류장에서, 아이를 기다리는 학교 앞에서 담아두었던 글을 읽고 또 읽었다. 글이 하나둘 쌓이다 보니 꽤 훌륭한 토론 복기였다. 또한 책을 오랫동안 기억하게 하는 힘이 되었다.

그리고 그것을 모아 짧은 독후감을 써보았다. 책을 정리하는 나름의 방법이었다. 그때 생각했다. '이렇게 손쉽게 글을 쓸 수도 있구나, 세상 참 좋아졌다.' 그저 그런 단순한 생각이었다. 책을 읽고 나면 견출지로 중요 장면을 표시하고, 시간이 허락되면 그중 일부를 노트에 필사하거나 한글 파일로 옮겨놓았다. 하지만 그때뿐이었다. 한 번 읽은 책에 다시 손이 가는 경우는 거의 없었다. 노트 필사나 파일로 저장된 문서 역시 마찬가지였다. 그런데 이렇게 카톡창에 올리니 자꾸 찾아보게 되었다.

이보다 더 좋을 수가 없었다. 세상 편했다. 자주 들여다보니까 오타 발견은 물론이고 옮긴 발췌문을 바탕으로 떠오르는 생각도 몇 자씩 끼적거리기 시작했다. 시간이 지나면서 어색한 문장도 잡아냈다. 쉽게 꺼내 보니 자주 보고, 자주 보니 안 보이던 것이 보이고, 새로운 문장이 마구 떠올랐다. 그렇게 책 한 권을 읽고, 발췌를 옮기고, 단상을 쓰고, 그것을 모아 독후감을 남겼다. 그리고 고치고 또 고쳤다.

나는 카톡 프로필 사진을 지금 읽는 책이나 앞으로 읽어야 할 책으로 하는 경우가 종종 있다. 그러던 어느 날, 재미있는 일이 생겼다. 친구가 프로필 사진 속 책에 대해서 물었다. 마침 카톡에 써놓았던 나만의 발췌와 감상을 보내주었다. 친구는 이내 나의 글을 동창 단톡방에 올렸고, 그것을 본 친구들이 앞다투어 한마디씩 하기 시작했다.

"와~ 이런 책이었어?"
"사 봐야겠다."
"다른 책도 좀 추천해봐. 나도 너 덕에 간만에 책 좀 읽어야겠다."

반응이 꽤 괜찮았다. 친구들은 그 후로도 종종 책 소개를 부탁했고, 난 책 표지를 찍은 사진과 함께 책에 대해 기록한 글을 하나둘씩 방출했다. 시간이 지나자 친구들은 종종 읽고 싶은 책이나 특정 책에 대한 추천 여부를 묻기도 했다. 나의 작은 글이, 그들이 다시 책을 읽는 데 도움이 되었다는 생각에 내심 뿌듯했다.

내 글이 누군가에게 '도움'이 되었다는 이 말은 다시 글쓰기가 필요한 인생으로 들어가게 한 결정적인 계기가 되었다.

그렇게 6년 넘게 했던 카톡에 쓴 다양한 책의 발췌와 단상, 필사로 다시 글을 쓰게 되었다. 책으로 시작한 기록은 일상을 남기는 글로 점차 변해갔다. 카페에서 차를 마시며 어제 아이와 나눈 대화를, 남편과 다툰 이야기를, 엄마의 잔소리를 하나씩 글로 남겼다. 그랬더니 어느새 글쓰기가 일상이 되었다.

우리는 어쩌면 이미 글쓰기가 절대적으로 필요한 삶을 사는지도 모른다. 가만히 생각해보자. 오늘 보낸 카톡만 해도 벌써 몇십 줄 이상이다. 글쓰기는 이제 더 이상 우리 삶에서 따로 떨어뜨려 놓고 생각할 수 있는 '존재'가 아니다. 그러기에 엄밀하게 글쓰기가 필요 없는 인생은 없다. 더불어 글쓰기에 이보다 더 편한 세상도 없다. 마음만 먹으면 언제, 어디서든 글을 쓰고 나눌 수 있는 공간과 방법은 차고 넘친다. 사적인 대화만 넘치던 단톡방에 우연히 읽은 책의 한 구절, 시 한 편을 남길 수도 있다. 또 일상 속에서 건진 사진 한 장에 나의 마음을 몇 자 적어도 된다. TV 드라마의 명대사도 아주 쉬운 글쓰기 재료다. 당장 쓰기가 어려우면 사진만 찍어서 올려도 된다. 핸드폰의 각종 앱을 통해서도 글쓰기는 얼마든지 가능하다. 거창하게 시작할 필요가 없다. 그저 단순하고 쉽게 시작하면 된다. 그러면 글쓰기가 어느새 우리 삶에 완벽하게 스며든다.

하루 딱 10분, 우연히 본 것이면 된다. 단, 필요한 것은 남기는 일이다. 그러면 글쓰기가 필요 없던 인생에서 필요한 인생으로 바뀐다.

하고 싶어서
글을 쓴다.

하고 싶어서
책을 읽는다.

이 둘을 하기 위해
이른 새벽에 일어나고

조용한 카페를 찾고
여러 도서관과 서점, 책방을 드나든다.

누가 시키지 않아도
그냥
내가 하고 싶고
좋아서 한다.

글쓰기가 필요한
절대 3인방

글은 누구나 써야 하고, 아무나 써야 한다. 하지만 이렇게 말해도 열 명 중 아홉 명은 그냥 스쳐 지나가는, 잠깐 만난 인연처럼 이런 이야기를 한 귀로 듣고 한 귀로 흘려보낸다. 예전에는 그 모습이 못내 서운해 마음이 아팠다. 그런데 이제는 생각이 조금 바뀌었다. 아무리 좋은 것도 자기가 싫으면 그만이다. 요즘은 자기만의 생각과 주관이 뚜렷하다 못해 무섭도록 센 사람도 많다. 섣불리 누구에게 '조언'이라는 이름으로 말을 꺼내기가 쉽지 않은 세상이다. 그럼에도 용기 내어 이 말만은 꼭 하고 싶다.

누구보다 글쓰기가 급하고 필요한 절대 3인방에 관한 이야기다.

퇴사 준비생이라면 글쓰기 해야 한다

어느 날 지인이 퇴사를 했다고 전화가 왔다. 그와 함께 식사하면서 앞으로 계획에 대해서 물었다. 일단 '퇴사 여행'을 가고 천천히 앞으로 할 수 있는 일을 찾아보고자 한다고 했다. 그와 헤어지고 난 후 약간 아쉬움이 남았다. 그에게 장문의 메시지를 보냈다. 퇴사를 결정한 당신의 행동에 응원하고, 새로운 인생의 시간을 마련하기 바라며 지금부터 하루에 딱 한 줄씩 글이나 메모를 써보라고 했다. 살짝 오지랖을 부린 듯했지만 그래도 내가 아끼는 지인이기에 꼭 해주고 싶은 말이었다.

그리고 몇 달 후 그에게 다시 전화가 왔다. 새로운 일을 시작했고, 그때 나의 말이 큰 도움이 되었다고 한다. 또 고마움을 전하고 싶으니 내일 바로 만나자는 것이었다. 그는 나의 문자를 받고, 정말 매일 한 줄씩 글을 썼다고 했다. 그런데 일주일 동안 한 줄을 쓰자 어느 날부터 두 줄을 쓰게 되고, 두 줄을 쓰자 세 줄을 쓰게 되었다고 한다.

이제 그는 A4 한 장 정도는 거뜬히 쓸 수 있다고 한다. 이렇게 매일 쓰니 흩어진 생각이 정리되고, 퇴사 후 무엇을 어떻게 해야 할지 막연했던 생각에 윤곽이 잡혔다고 했다. 혹시 이 글을 읽는 사람 중에서 퇴사를 준비하거나 꿈꾼다면 오늘부터 다른 것들은 다 제쳐두고, 글쓰기만은 반드시 해보길 강력하게 추천한다.

엄마가 글을 써야 하는 이유

직업의 개념을 '하루 중 그 사람이 가장 많이 하는 것'이라고 정의한다면 첫 번째 나의 직업은 글 쓰는 사람이고, 두 번째는 주부다. 매일 아침 가족의 식사를 차리고, 간식을 챙기며, 아이의 온갖 스케줄과 준비물 등을 확인한다. 바쁜 남편을 대신해 집안 대소사를 챙기는 일까지 모두 아내의 몫, 엄마의 몫이다.

세상에서 가장 바쁜 직업이 '전업주부'가 아닐까. 일단 출퇴근 시간이 따로 없다. 가족의 기상 시간에 따라 업무 시간이 정해진다. 새벽에 나가야 하는 가족이 있다면 근무시간은 평소보다 두세 시간 빨라진다. 반대로 늦게 들어오는 가족이 있으면 더 늘어난다. 또 일의 영역을 딱 한 가지로 나누기가 모호하다. 집안일뿐만 아니라 시댁과 친정 일까지 경계도 모호하고, 정확한 매뉴얼도 없다.

더불어 정체성이 모호하다. 분명히 주민등록상의 이름이 있는데 그 이름보다 '○○이 엄마', '○○ 맘'으로 불린다.

'나는 난데.'

글을 쓰다 보면 이런 생각이 사라진다. 글을 쓰면 오로지 '나'만 생각하게 된다. 이 글을 읽고 아무도 글을 쓰지 않아도 좋고, 블로그를 시작조차 안 해도 좋다. 그러나 단 한 사람 주부만은 꼭 미친 척하고 해보길 바란다. 대한민국에서 엄마로 산 지 16년째고, 아내라는 이름으로 산 지 19년째다. 산전수전 공중전까지는 아니어도 그 비슷한 전쟁을 치르며 살고 있다. 누구는 다 '과정'이라고 하고, 살면서 그 정도 어려움 없는 사람이 어디 있냐고 말한다. 한편으로는 맞는 말이기도 하지만 틀린 말이기도 하다. 그리고 후자를 말하는 사람들에게 직접 엄마로, 아내로 살아보라고 권하고 싶다. 엄마 노릇, 아내 노릇 정말 힘들고 어렵다. 오죽하면 애 보는 것보다 야근하는 게 낫다고 하지 않나. 그런데 이미 엄마가 되었고, 아내가 되었다. 이 시간은 '주어진' 시간이다. 남 탓을 하기에는 너무 멀리 왔고, 내 탓을 하기에는 가족이 있다. 이 시간을 지혜롭고, 현명하게, 후회 없이 쓰는 것이 지금 선택할 수 있는 가장 빠르고 현명한 방법이다.

주부는 분명 힘들고 어려운 직업이지만 시간을 효율적으로 이용한다면 얼마든지 시간 경영이 가능한 직업이다. 주부가 곧 가정 최고경영자이고, 1인 기업가이기 때문이다. 컴퓨터로 글을 쓰는 일이 번거롭고 힘들다면 블로그, 각종 글쓰기 앱을 이용해서도 얼마든지 하루 한 줄 쓸 수 있다. 아침에 아이를 등

원시키며 본 동네 풍경도 좋고, 오후에 들린 시장이나 마트에서 만난 신상품, 동네에 새로 이사 온 이웃 이야기도 좋다. 아무거나 일단 끼적이고 써보자. 그럼 무의미하다고 생각했던 육아와 집안일이 더 이상 아무 일도 아닌 것이 아니게 된다.

은퇴 준비에 글쓰기는 필수과목

마지막으로 은퇴자다. 도서관에 가보면 진풍경을 만난다. 대한민국 아저씨는 다 도서관에 와 있는 듯하다. 특히 신문 코너에 가보면 거의 백 퍼센트 남성이다. 대부분 나이대는 50대 후반에서 60대 초중반이다. 그런데 한 가지 재미있는 사실은 읽는 사람은 많지만 쓰는 사람은 거의 없다. 어쩌다 보이는, 무언가를 쓰는 사람은 대다수 영어나 부동산을 공부하는 사람이다.

은퇴자는 반드시 글을 써야 한다. 그 누구보다 써야 한다. 은퇴는 삶의 한 장을 정리하는 시점이다. 주부도, 퇴사자도 글쓰기가 절대적으로 필요한 사람이지만 '은퇴자'는 인생의 중요한 터닝 포인트를 맞는 시점이기에 가장 글쓰기가 필요한 시기다. 지금껏 살아온 삶을 정리하고, 앞으로의 삶을 준비하고 설계하기 위해 글쓰기는 필수과목이다.

살면서 글쓰기가 필요하지 않은 인생이 있을까. 모든 사람에게 그런 인생은 없을 것이다. 하지만 이 3인방은 그 어떤 때보다 써야 할 말이, 하고 싶은 말이 많은 시기다. 불안과 기대를 안고 새로운 인생을 준비하는 퇴사자도, 끝이 없는 육아와 집안일을 해내야 하는 주부도, 내 삶의 한 페이지를 정리해야 하는 은퇴자도 그 누구보다 글쓰기 '황금기'라고 할 수 있다. 그동안 삶을, 앞으로 일을 정리하고 계획하기 위해서뿐만 아니라 삶을 재창조하기 위해서는 글쓰기가 절대적으로 필요하다.

웬만해선
글쓰기가 기본이다

한 센터에서 콘텐츠 크리에이터 과정 수업을 진행 중이다. 수업의 시작은 우연히 시작하게 된 신문방송학과 특강 때문이었다. 특강은 단기로 방송 제작 시스템을 이해하고 직접 조를 짜서 영상을 제작해보는 실습, 상영회까지 이루어졌다. 수업을 몇 학기 해보니 한 가지 문제점이 발생했다. 수업 마지막에 진행되는 공동 영상물 상영회에서 점차 해를 거듭할수록 기대에 못 미치는 수준의 결과물이 보이기 시작했다.

어느 날, 학생들과의 대화 중에 공동 작업에 대한 어려움을 토로하는 이야기를 들었다. 요즘 학생들 대부분은 아르바이트와 취업 준비로 수업 시간 외에 함께 모일 시간을 마련하기가 하늘의 별 따기라는 것이다. 가슴 아픈 현실 앞에서 계속해서 공동 영상제작을 과제로 고수하는 것은 학생들에게 어쩌면 또 다른 부담을 주는 것이 아닌가 싶은 생각이 들었다. 다음 수업을 위해 영상 작업에 대한 교육과정을 짜다가 결단을 내렸다. 앞 수업의 실패를 생각하며 과감히 다음 수업에는 1인 미디어 콘텐츠 제작으로 실습 과정을 바꿨다. 당시만 해도 1인 미디어가 지금처럼 대중적이지 못해 학생들은 처음 난색을 표하기도 했다. 그렇지만 모험을 걸어보기로 했다. 방송 제작 시스템과 똑같이 하되 제작 방식만 1인 미디어 형식을 취했다. 기획안 작성, 구성안 만들기, 취재, 영상 촬영, 편집 등 기존 제작 방식과 다르지 않았다. 다만 이 모든 것을 혼자 해내야 한다. 만일 혼자가 버거운 학생은 최대 3인까지 조 편성을 할 수 있도록 했다. 결과는 대만족이었다. 공동 작업의 장점도 분명 있지만 혼자 하니 자신이 하고 싶은 콘텐츠를 맘껏 할 수 있고, 서로 일정 조율이나 역할 분담에 관한 책임과 의무감에서 벗어날 수 있어서 더욱 자신만의 콘텐츠 제작에 힘을 쏟을 수 있었다고 한다.

이것이 4, 5년 전 일이다. 지금이야 '콘텐츠 크리에이터'라는 말이 흔하지만 당시에는 아니었다. 평범한 사람이 아닌 튀는 사람이 만드는 것이 1인 미디어였다. 1인 미디어 강의를 시작하면서 유명 콘텐츠 크리에이터의 콘텐츠를 면밀히 살피고 분석했다. 그들은 하나같이 어떤 콘텐츠를 만들지 자신의 일상을 메모하고, 거기서 담고자 하는 이야기를 글쓰기로 정리한다고 한다. 글쓰기가 어려우면 최소한 자신이 무슨 이야기를 할지 미리 '키워드'나 '표'로 메모하고 정리한다.

콘텐츠 크리에이터의 진정한 의미는 '자신만의 콘텐츠를 만드는 사람'이다.

글쓰기는 콘텐츠 크리에이터가 가져야 할 기본이다. 자신의 콘텐츠를 글로 정리하다 보면 어느새 내가 하고자 하는 말, 담고 싶어 하는 메시지, 새로운 아이디어가 솟아오른다. 이제는 회사에 다니는 직장인이건, 학교에 다니는 학생이건 누구나 자신만의 콘텐츠 하나는 가져야 하는 시대다. 좋은 콘텐츠 크리에이터, 자신만의 색깔이 담긴 콘텐츠를 만들고 싶은 사람이라면 반드시 글쓰기를 병행하기를 간곡히 권한다. 글쓰기를 통해서 다듬어지고 정제된 콘텐츠는 텍스트, 영상, 그림 등 어떤 형식으로 제작되어도 특별한 무언가가 있는 콘텐츠가 된다.

어쩌면 작가는 역사적으로 가장 오래된 콘텐츠 크리에이터가 아닐까. 글로 자신만의 콘텐츠를 담아 '책'이라는 플랫폼으로 담았으니 말이다. 글로 자신이 담고자 하는 콘텐츠를 적어보자.

화려한 문장을 쓰거나 매끈한 기획안을 쓰라는 것이 아니다. 나만의 콘텐츠를 제대로 잘 전달하기 위해서 글쓰기 작업을 함께 한다면 좀 더 효과적이고, 볼만한 가치, 들을만한 내용이 있는 콘텐츠를 만들 수 있다. 그리고 계속해서 쓰다 보면 콘텐츠 크리에이터로서의 정체성도 확립할 수 있다.

앞으로 콘텐츠 크리에이터 시장은 놀랍도록 발전할 것이다. 하지만 넓은 시장에서 살아남고 독보적인 콘텐츠 크리에이터로 살아남기 위해서는 무엇보다 글쓰기가 기본이다.

쓰게 되면
'덤'으로 얻는 것들

'덤'이라는 말이 있다. 사전적인 의미는 '제 값어치 외에 거저로 조금 더 얹어 주는 일 또는 그런 물건'을 말한다. 같은 품질, 비슷한 가격의 상품이라면 기왕에 덤을 많이 주는 곳을 자주 찾게 되고, 그것이 그 가게만의 '영업 비밀'이기도 하다.

글 역시 쓰면 의외로 '덤'으로 얻는 것이 상당히 많다. 우선 안 읽던 책을 읽는다. 매달 카드값의 상당 부분 아니 더 솔직히 말하자면 대부분은 언제나 책값이 차지한다. 옷값보다 책값이 더 나온 지는 꽤 오래전부터다. 같이 사는 사람은 쌓여만 가는 책 더미를 볼 때마다 불편한 심기가 가득한 눈으로 날 쳐다본다. 흡사 그 눈은 이렇게 말하는 듯하다.

'책, 도대체 언제까지 살 거니.'

유시민 작가가 한 강연에서 이렇게 말했다. "책은 사두면 언젠가는 읽는다."라고. 사둔 책은 언젠가는 읽는다. 하지만 글을 쓰면 '언젠가'라는 막연한 시간이 '지금 당장'으로 바뀐다. 글을 쓰다 보면 어느 순간, 글감이 뚝 떨어지는, 이른바 바닥이 드러나는 순간이 온다. 누구나 온다. 안 올 수가 없다. 그때 비장의 무기가 바로 책이다. 책을 읽으면 좋은 점이 어마어마하게 많지만 무엇보다 밑천이 드러난 '글감 곳간'을 꽉꽉 채워주는, 필살기로 책보다 좋은 것은 없다.

난 대단한 다독가도 아니고 '벽돌책'을 척척 읽는 그런 사람도 아니다. 그저 내가 그때그때 필요한 책을 아주 조금씩 읽는 책 좋아하는 평범한 사람이다. 그런데 책을 읽다 보면 새로운 글감, 생각하지 못했던 아이디어가 문득 떠오른다. 하다못해 인상 깊었던 구절이나 장면을 '필사'하는 도중, 이야깃거리가 튀어나오는 경우도 많다. 책에 대한 막연한 '열등감'이 있는 나에게 책은 정말 소중한 이야기 창고다.

글을 쓰면 사진을 잘 찍게 된다. 난 사진을 찍히는 것도 싫어하고, 찍는 것은 더 싫어한다. 한참 허기가 져서 식당에 갔는데 음식 사진을 찍는 친구들 때문에 젓가락을 입에 문 채 침만 삼켜야 했던 적이 한두 번인가? 음식 사진을 찍는 기쁨보다 일단 입안으로 음식을 넣을 때 느껴지는 기쁨이 나에게는 중요하고(?) 절대적이다. 여행 역시 마찬가지다. 남들 수천 장 찍는 세계적인 명소도 내가 가면 딸랑 한두 장이 끝이다. 그것도 풍경을 담은 사진, 누구나 찍는, 아무나 찍는 사진뿐이다. 그런데 글을 쓰고 블로그를 하다 보니 자연스럽게 주변의 사물, 특히 책을 찍는 경우가 많아졌다. 당장 필사할 시간과 공간이 안 될 때 바로 스마트폰을 들고, 그 부분을 찍어두었다가 나중에 필사하거나 블로그에 올리기 때문이다. 상황이 이러니 스마트폰 사진 저장고는 언제나 용량 부족이다. 전보다 자주, 많이 찍으니 예전보다 훨씬 잘 찍게 되었다. 이것 역시 글을 쓰면서 얻은 '덤'이 아닐까.

글을 쓰면 말수가 줄어든다. 어릴 적에는 유창한 말솜씨에 간혹 변호사를 하라는 말을 자주 들었다. '말하는 것'을 좋아했다. 지금도 사람들 앞에서 생각과 의견을 말하는 것에 머뭇거림이 없는 것을 보면 어릴 적 버릇이 몸 어딘가에 잘 박혀있나 보다. 하지만 본격적으로 글을 쓰면서 나는 급격하게 말수가 줄어들었다. 생각과 의견을 정제된 글로 표현하다 보니 쉽게 연소되고, 휘발되는 '말'이 얼마나 미약한 의사 전달 수단인지를 알게 되었다.

더불어 많은 '말' 뒤에 남는 '공허함'이 사람을 어떻게 지치고 피곤하게 하는지 깨달은 후 말보다는 글로 생각을 정리하고 표현하는 것이 더 편하고 참 좋다. 참고로, 가족이 이 '덤'을 가장 좋아한다. 그들에게 향했던 잔소리가 줄었기 때문이다.

이외에 글을 쓰면 얻는 '덤'이 무수히 많다. 짧은 틈새 시간을 더욱 알차고 효율적으로 쓰고, 글로 조금씩 성장하는 자신을 발견하니 미래에 대한 불안이나 조급함도 한결 줄어들었다.

물건을 살 때 덤을 많이 주는 가게는 왠지 더 정감이 간다. 일부러 시간을 내서 그곳을 찾기도 한다. 글을 쓰면 이처럼 '덤'으로 얻는 것이 많다. 본물건보다 덤에 속아서 어떤 물건을 덥석 '득템'한 경우도 많다. 글쓰기도 어쩌면 이런 '덤' 때문에 계속하는지도 모르겠다.

글쓰기는
세상에 대한
나의 작은 애정이다

글을 왜 쓰냐고 많이 묻는다. 한번 진지하게 생각해보았다. 누가 시킨 것도 아니고, 당장 돈이 와르르 쏟아지는 것도 아니다. 매일 쓴다고 해서 금방 누군가 알아주지도 않는다. 진짜 나는 글을 왜 쓸까?

온라인으로 글쓰기 수업을 하고 있다. 함께 글을 쓰는 사람들과 개인 톡을 하며, 한 달 동안 그들이 완성한 여러 글을 코치해준다. 매달 말일에는 글을 쓰면서 생긴 고민이나 어려움은 없는지 함께 나눈다. 처음 온라인 수업을 시작했을 때는 이렇게 한 사람씩 개인 톡을 하지 않았다. 단체 톡으로 진행하는 수업이었기에 일일이 개인 톡을 하는 것은 교육과정에 없었다.

그러나 여러 차례 수업을 진행하면서 사람들이 의외로 글쓰기 고민이나 잘 안 되는 부분에 대한 질문을 자유롭게 하지 못하고 있다고 느꼈다.

나는 연신 단톡방에 질문을 올리라고 했지만 막상 질문하는 사람은 정해져 있었다. 처음에는 답답한 마음에 개인 톡을 했지만 한 사람씩 말을 걸어보니 묻지도 않아도 글쓰기의 고민이나 어려움을 술술 쏟아냈다. 그 후 마지막 날이면 연례행사처럼 개인 톡을 통해 각자 한 달간 글쓰기를 해본 소감과 고민을 나누었다. 이런 시간을 가진 후 글쓰기에 관한 궁금증을 해소하고, 과정이 끝나도 열심히 글을 쓰고 있다는 감사의 톡을 종종 받는다. 어느 날, 종일 카톡으로 글쓰기 코치하는 나 자신을 보면서 이런 생각이 들었다.

나는 왜 이렇게 많은 사람에게 글을 쓰라고 말하는 걸까. 좋으면 그냥 혼자서 쓰면 되지. 일부러 한 사람 한 사람에게 개인 톡을 남기고, 고민을 들어주고, 함께 해결점을 찾으려 하고, 못 쓰는 사람을 독려해서 쓰게 하고 있으니 말이다. 오지랖이 넓어도 너무 넓다는 생각이 들었다.

한때 세상이 싫었고, 모든 사람을 원망했던 때가 있었다.

무엇을 해도 즐겁지 않았다. 그때 우연히 다시 책을 읽고 글을 쓰면서 나는 전혀 다른 사람이 되었다. 이제는 무엇이든 쓰고 싶고, 무엇이든 남기고 싶다. 작은 기록이나 메모가 글이 되고, 그 글이 다시 누군가에게 새로운 글감과 쓰게 하는 영감이 되는지 눈으로 보고 겪었다. 글쓰기로 이전과 전혀 다른 삶을 살게 되었다.

나는 글쓰기로 이루 말할 수 없는 즐거움과 자신감을 되찾았고, 글을 쓰면서 지루하고 재미없던 세상이 쓸 거리가 차고 넘치는 세상으로 달리 보였다. 옆집 엄마의 이야기도, 윗집 아저씨의 이야기도 쓰고 남기고 싶었다. 내가 만난 사람과 본 사물에 대해 다른 이들에게 전하고, 함께 공감하며 그 어떤 위로보다 큰 위로를 받았다. 그것으로 행복하다. 이렇게 많은 사람이 나처럼 글쓰기로 또 다른 세상이 있음을 알았으면 하는 것이 궁극의 목표이자 글을 쓰는 진짜 이유다.

글쓰기는 세상에 대한 나의 작은 애정 표현이다.

글쓰기는
결국 습관이다

솔직히 난 글쓰기가 재미있다. 매일 새벽 블로그에 글을 올리면 많은 사람이 공감과 댓글을 올려주고, 위로와 공감을 얻었다고 말한다. 이어 내 글로 문 닫았던 블로그를 다시 열고, 카톡 창이나 핸드폰에 한 줄이라도 메모한다고 한다. 평생 '안 쓰던 삶에서 쓰는 삶'으로 진입하게 되었다고 고마워한다. 설사 지금 쓰지 않더라도 언젠가는 쓰게 될 용기와 작은 희망을 얻었다고 한다. 이보다 즐거운 일이 또 있을까?

한때 글쓰기가 고통 그 자체였던 적이 있었다. 1분당 시청률로 나눠가며 동 시간대 타 방송사에서 하는 프로그램을 분석하고, 단 1분이라도 시청자를 빼앗기면 세상이 무너지는 줄 알

왔던, 그런 시절이 있었다. 그때는 글을 쓰는 일이 다른 사람을 이기기 위한 또 하나의 수단이었고, 도구였다. 최대한 시청률이 잘 나오는 아이템을 찾아서 좋은 시간대에 배치하고, 사람들 귀에 쏙쏙 들어오는 멘트와 자막을 쓰는 것이 내가 할 수 있는 글쓰기 최대 미덕이라고 여겼다.

당시에는 대중이 원하는, 엄밀히 말하면 '남이 원하는 글'을 썼다. 처음에는 멋모르고 마냥 즐거웠다. 오랫동안 꿈꿔왔던 일이었고, 무엇보다 나는 글보다는 영상을 만드는 일이 '천직'이라고 믿었다. 그리고 그런 날들이 내 생애에 계속되리라고 생각했다. 가끔 대박 시청률이 나오면 역시 '내 판단이 틀리지 않았음'에 자족했다.

그랬던 내가 막상 나의 이야기를 쓰려고 했을 때 눈앞이 캄캄했다. 무엇을, 어떻게 써야 할지 난감했다. 말문이 막힌 사람처럼 3박 4일, 아니 일주일 내내 노트북 모니터 화면을 뚫어져라 쳐다만 보고 정작 한 줄도 쓰지 못하는 날이 계속되었다. 불안했고 두려웠다. 쓰고 싶은 이야기가 이토록 많은데 어디서부터 어떻게 해야 할지 몰랐다.

그러던 어느 날, 새벽에 출근하는 남편을 깨우기 위해 일찍 일어나기 시작했다. 그가 출근한 후 아이가 일어날 때까지 집안 곳곳에 있던 책을 읽고, 책 속 문장으로 떠오르는 생각들을 적기 시작했다. 그렇게 매일 했더니 드라마를 볼 때도, 예능 프로그램을 볼 때도 자꾸 가슴에 와닿는 문장들이 생겼다. 그럴 때면 나도 모르게 펜과 종이를 들고 무조건 적었다. 그렇게 몇 년을 매일 새벽에 글을 쓰고 책을 읽고 내 생각을 정리했다.

글쓰기에는 세 단계가 있다. 첫 번째 단계는 머릿속에 떠오르는 생각을 쓰는 단계다. 그때그때 떠오르는 글을 그냥 의식의 흐름대로 쓰는 '해소용' 글쓰기라고 할 수 있다. 내 안에 있는 무수한 이야기를 쏟아내는 단계. 매일 쓰는 '일기'가 이에 해당한다.

두 번째 단계는 하나의 주제나 키워드로 글을 쓰는 것이다. 예를 들면 직장, 퇴사, 엄마, 가족, 커피 등 한 가지 단어를 가지고 자신만의 생각을 풀어내는 글쓰기다. 이 과정은 첫 단계에 비해 좀 더 구체적이고 집약적인 글쓰기다. 이 단계의 글쓰기를 계속하다 보면 자신만의 주제나 콘텐츠가 보인다.

그리고 마지막 단계는 그 주제나 키워드로 목차를 30개 이상 만들고 그에 따라 글을 쓰는 과정이다. 책 쓰기 단계가 이에 해당한다.

글쓰기는 이렇게 세 단계를 거쳐야 비로소 자신만의 생각이 담긴 글을 완성할 수 있다. 그런데 이렇게 세 단계 과정을 거치기 위해서는 무엇보다 오랫동안 써야 한다. 첫 단계를 거쳐야 두 번째 단계로 갈 수 있고, 두 번째 단계를 거쳐야 세 번째 단계로 넘어갈 수 있다. 이런 일련의 과정이 한 번에 되는 것이 아니라 매일매일 오랫동안 습관처럼 써야 이루어진다.

《글쓰기의 전략》이라는 책에서 정희모 교수는 좋은 글을 쓰기 위한 기본 요소로 세계를 깊이 있게 분석해낼 수 있는 지식, 현상과 세계를 적절히 조직해낼 수 있는 구성력, 생각과 사고를 문자로 표현할 수 있는 문장력을 손꼽았다. 지식도 좋고, 구성력도 필요하다. 문장력은 더할 나위 없다. 하지만 글쓰기를 위한 기본 중의 기본 조건은 '습관'이다.

글쓰기는 결국 습관이다. 어쩌면 글쓰기는 손이 아닌 엉덩이 무게로 쓰는 것일지도 모른다. 매일 같은 시간, 같은 장소에서 떠오르는 무엇을 쓰기 시작하면 글쓰기는 금방 습관이 된다. 그렇게 하면 된다.

2장

잘 쓰고 싶다면
일단 읽자

매일 글을 써라. 열심히 읽어라.
그러고 나서 무슨 일이 일어나는지 한번 봐라.

레이 브래드버리

그대
잘 쓰고 싶은가?

글을 잘 쓰는 사람의 글을 읽을 때면 부러움과 질투심이 한꺼번에 몰려온다. '글을 쓰겠다'고 마음먹은 사람이라면 누구나 같은 마음일 듯싶다. 자신의 생각과 느낌을 잘 정리해서 논리 정연하게 풀어낸 글을 보고 있노라면 감탄이 저절로 나온다.

어렸을 때부터 책 읽기를 즐기는 편이 아니었다. 책을 읽는 것보다는 TV를 보고, 라디오를 듣는 것을 더 좋아하는 아이, 그게 바로 나였다. 될성부른 나무는 정말 떡잎부터 알아본다는 옛말이 크게 틀린 말은 아닌가 보다. 나의 이런 보고 듣는 버릇은 열심히 공부에 매진해야 하는 학창 시절에 가장 최고조에 이르렀다. 결국 시험 기간임에도 드라마에 빠진 나를 보고 엄마는 당시 최고의 훈육 아이템인 빗자루를 드셨다. 참고로 나는 TV를 보거나 라디오를 들을 때면 옆에서 아무리 불러도 못 들을 만큼 그것에 빠진다. 지금도 그 버릇은 여전하다. 세 살 버릇, 여든까지 간다.

그날도 엄마는 이미 드라마에 빠진 나 때문에 울화통이 터질 지경이었다. 저녁을 먹으라는 말에 대꾸는커녕 듣지도 않는 내 모습에 엄마의 분노는 머리끝까지 치밀어 올랐다. 급기야 다양한 언어의 신세계를 직접 보여주셨고, 온몸의 힘을 빗자루에 모아 내 신체 이곳저곳을 자극하셨다. 그리고 마지막에 내 머리를 강타하는 한마디를 외치며, 전쟁과 같은 시간은 마무리되었다.

"TV가 밥 먹어주냐?"

이 말이 떨어지자마자 1초의 망설임도 없이 마치 오래전부터 이렇게 물어봐 주길 바랐던 사람처럼 절규하듯 외쳤다. "TV로 밥 먹고살면 될 거 아니야." 순간 몇 초간 엄마와 나 사이에 흘렀던 정적을 아직도 생생하게 기억한다. 엄마는 예상치 못한 말에 어이가 없으셨고, 나 역시 입에서 나온 대답에 스스로 놀라 어찌할 바를 몰랐다. 순간 세상이 정지한 듯한 느낌이었다. 하지만 그것도 잠시, 이내 정신을 차리신 엄마는 내 등을 한 대 치시며 일침을 가하셨다.

"네가 무슨 수로 TV로 밥 먹고살아? 이것이 공부하기 싫으니까 별소릴 다 하네."

이후는 상상에 맡기겠다. 30년이 훨씬 지난 일임에도 그날을 단 한 순간도 잊어본 적이 없다. 그날부터 나는 어떻게 하면 TV로 밥을 먹고살지 연구했던 것 같다. 더 이상 나의 보고 듣는 권리를 무참히 빼앗길 수는 없었던 사춘기 소녀의 치기 어린 마음이었지만, 지금 생각해보면 그 순간만큼은 누구보다 진지했다. 그날 저녁, 낮 동안 있었던 사건을 들으신 아버지는 최후 경고로 TV와 라디오의 작동을 금지하는 원초적인 봉쇄를 시도하셨다. 바로 TV와 라디오의 코드 선을 싹둑 자르셨다. 극단적인 부모님의 조치에 서운함과 약이 올랐던 나는 기를 쓰고 'TV'로 먹고살 궁리를 강구했다.

TV와 라디오로의 접근이 막히자 시간이 남아돌았다. 너무 심심했던 나는 친구를 따라 학교 도서관과 서점을 어슬렁거리며 책을 읽기 시작했다. 지금도 기억 속에 어렴풋이 남은 《데미안》, 《톰 소여의 모험》, 《허클베리 핀의 모험》, 《여자의 일생》 등을 접하며 읽는 재미를 조금씩 느끼기 시작했다. 하지만 시험 기간이 끝나고 아버지의 경고가 풀리자 언제 그랬냐는 듯 다시 TV와 라디오에 빠졌다. 학창 시절의 반짝 독서 기간이 있었지만 난 여전히 '독서광'이 되진 못했다. 요즘에도 곳곳에서 만나는 왕년의 '문학소녀, 소년'을 볼 때면 그들의 독서력에 살짝 기가 죽는다. 그들은 어쩌면 책을 그리 많이 읽었을까.

책 읽기에 노력을 기울이지 않았던 것은 아니다. 나름대로 계획을 세워 일일 일독을 60일 이상 한 일도 있었고, 1년에 얼마나 읽었는지 읽는 책마다 번호를 붙여 독후감과 서평의 경계를 왔다 갔다 하는 글을 쓰기도 했다.

읽기는 글쓰기에 아주 중요한 마중물과 같다. 글쓰기에 필요한 '선행 학습'이 있다면 그것은 '읽기'다. 좋은 글을 많이 읽어야, 좋은 글을 쓸 수 있다. 단, 여기서 주의해야 할 것이 있다. 1년에 백여 권이 넘는 책이나 유명한 작가들의 난해한 책들을 척척 읽고도 자신의 글을 단 한 줄도 쓰지 못하는 사람이 의외로 많다. 자기 검열이 높은 것이다.

그들에게 넌지시 글을 써볼 것을 권하면 이렇게 말한다.

"이렇게 잘 쓰는 사람이 많은데 뭐 하러 저까지 써요."

앞 장에서 글쓰기의 좋은 점을 입에 침이 마르도록 했다.

2장 · 잘 쓰고 싶다면 일단 읽자

나만의 생각도 정리되고, 위로와 공감, 소통 등 좋은 것이 이토록 많은 글쓰기다. '자기 검열'의 높은 벽 대신 나만의 이야기를 하나하나 꺼내보는 건 어떨까. 그럴 때는 나와 비슷한 생각이 담긴 에세이나 쉬운 책들을 읽는 것도 좋은 글쓰기 방법의 하나다.

무리한 선행 학습은 언제나 화를 부른다. 적당한 독서와 필사를 통해 문장 하나하나를 체화해나가는 과정을 거친다면 많이 읽지 않아도 좋은 글을 쓸 수 있다.

'자기 검열'이라는 높은 벽 대신 '아님 말고' 정신으로 읽기에 도전해보자.

잘 쓰고 싶은가.
그럼 매일 조금씩이라도 읽자.
그럼 된다.

전 그렇게 많이
못 읽습니다

하루에 한 권씩 60일 동안 책 육십 권을 읽어본 적이 있다. 여기서 '-본 적'이라는 과거형 표현을 쓴 것은 이제는 하지 않는다는 뜻이다. 내가 직접 해보니 하루에 책 한 권 읽기는 현실적으로 어려운 스케줄은 아니었다. 여러 가지 노하우만 있다면 가능하다. 일단 시간을 확보하고 온 신경을 모아 읽기에 몰입하면 된다. 충분히 할 수 있다. 그렇다면 두 달여간 육십 권을 읽고 내가 일일 일독을 그만둔 이유는 무엇일까?

일일 일독을 하다 보니 집착이 생겼다. 바로 숫자에 대한 집착이었다. 숫자는 인간에게 묘한 쾌감을 준다. 다이어트에 성공한 사람은 몸무게 앞자리 수가 바뀌는 그 순간의 희열을 잊을 수 없다고 말한다. 숫자는 모호함을 단숨에 극복하게 해주는 명쾌함을 주기 때문에 글을 쓸 때 유용한 수단이 된다. 나역시 숫자의 도움을 받아 글쓰기에 잘 활용하는 편이다. 그런데 책을 읽을 때 숫자는 도움이 되기도 하지만 방해하는 요인으로 작용하기도 한다.

책을 읽는 목적은 사람마다 다르다. 누군가는 공부를 위해서, 누군가는 자기계발을 위해서, 누군가는 시험을 위해서, 또 다른 누군가는 자신의 지적 역량을 강화하기 위해서 책을 읽는다.

아마 이외에도 여러 가지 책을 읽는 이유가 존재할 것이다. 난 자존감이 바닥에 떨어졌을 때 그것을 회복하기 위해 미친듯이 책에 의지했다. 필요에 의해 읽으니 읽고 싶은 책도 바로바로 눈에 들어오고, 무엇보다 원하는 주제의 책도 쉽게 찾았다.

절실하니 술술 읽혔다. 실연의 슬픔이 온몸을 휘감을 때 세상의 유행가 가사가 온통 내 얘기인 것처럼 책의 사례나 내용이 모두 다 내 얘기인 것만 같았다. 이렇게 책 몇 권을 단번에 읽고 나니 자신감이 생겼고, 자연스럽게 '내일은 어떤 책을 읽을까?'라는 생각이 종일 머릿속에서 맴돌았다. 한 예능 프로그램에서 슈퍼모델 이소라는 좋아하는 사과를 먹기 위해 아침에 눈을 뜬다고 했다. 나 역시 내일 어떤 책을 읽을까, 어떤 책을 만날까 하는 설렘으로 아침을 기다리곤 했다. 그렇게 하루한 권씩 읽다 보니 꼬리에 꼬리를 무는 것처럼 비슷한 책을 계속 읽어나갔다.

한참을 읽었더니 책들을 관통하는 메시지가 눈에 들어오기 시작했다. 비슷한 주제의 책을 연속해서 읽으니 저자들이 공통적으로 말하는 바가 눈에 들어왔다. 점점 비슷하거나 중복되는 책 내용은 대충 훑어보았다. 이렇게 해서 일일 일독이 가능했고, 어렵게 느껴지던 이것이 별거 아니라는 생각마저 들었다. 일주일 정도 지나니 무려 책 열 권을 읽은 나를 발견했다. 나도 모르게 하루에 책 두 권을 읽었던 날도 있었다. 그때 '10'이라는 숫자가 주는 포만감과 자랑스러움은 이루 말할 수 없었다.

그런데 나는 왜 일일 일독을 60일 만에 포기했을까?

일일 일독의 오류는 도전 한 달이 지날 즈음 점점 올라오기 시작했다. 매일 책 한 권씩을 한 달가량 읽다 보니 하루하루 권수를 채워나가는 쾌감도 있는 반면에 매일 한 권을 읽어야 한다는 중압감에 사로잡히기 시작했다. 한 권을 읽고 다음 책을 고를 때 나도 모르게 하루에 읽을 만한 '책을 사냥하는' 나를 보았다. 충격이었다. 이러려고 책을 읽었나, 자괴감에 빠지기 시작했다. 누군가는 이것 역시 일일 일독의 고비이고, 이것을 잘 견뎌야 진정한 일일 일독을 이룬다고 말할 수 있다. 틀린 말은 아니다. 하지만 내가 생각하는 진짜 책 읽기는 권수에 의지하기보다는 저자의 메시지를 정확하게 파악하고 이를 잘 적용해야 한다고 생각한다. 일일 일독에 숨어 있던 오류에 조금씩 빠질 즈음 어떤 책을 만났다.

광고하는 인문학자로 불리는 박웅현의 《책은 도끼다》라는 책이다. 그는 독특한 아이디어와 기발한 상상력으로 광고계에서 주목받는 크리에이터다. 광고라는 치열한 영역에서 하루하루 피 말리는 작업과 싸우지만 책 읽기만큼은 소홀히 하지 않는 그가 쓴 책은 출간되자마자 베스트셀러가 되곤 한다. 그는 이 책에서 자신은 다른 독서가에 비해 턱없이 부족한 양의 책을 읽는다고 고백했다. 대신에 많이 읽진 못하지만 깊이 읽는 편이라고 말하며, 독서법에 맞춰 책을 읽는 것이 아니라 책에 따라 다양한 독서법을 적용해 읽는다고 했다. 책에 따라 찍어도 읽고, 흘려도 읽고, 문맥에 따라서도 읽어야 한다고 말하며 그것이 잡히지 않는 책은 재미가 없다고 표현했다. 그리고 자신만의 천천히 곱씹는 독서법으로 지금의 창의적인 광고를 만들어낸다고 전했다.

박웅현 저자의 책은 결코 하루에 읽을 수 없는 책이다. 책 안에 이미 다른 책 수십 권이 녹아 있는 이 책을 제대로 읽기 위해서는 예시로 나온 책들을 함께 읽어야 하기 때문이다.

다독이 중요하지 않다는 것은 아니다

반드시 다독해야 하는 순간이 온다. 책을 제대로 읽기 위해서는 다독은 필수 불가결하다. 하지만 이 방법을 계속해나가는 것은 권수에 매몰되어 책 읽기의 진정한 맛과 목적을 잃어버릴 위험이 다분히 잠재되어 있다. 책을 읽는 것이 힘들고 어렵다 보니 많은 권수를 읽거나 오랜 기간 책을 읽은 사람을 우리는 매우 높이 평가하는 경향이 있다. 많은 권수를 읽는 사람은 분명 칭찬받아야 마땅하다. 독서 인구 증가에 좋은 영향을 미치기 때문이다. 하지만 많은 책을 읽은 것이 대단한 업적으로 찬양받거나 그 방법이 절대적으로 옳은 것으로 치부되는 일은 분명히 짚고 넘어가야 한다.

다독이 나쁘다는 것이 절대 아니다. 단지 그것 때문에 책 읽기로 느낄 수 있는 다양한 즐거움을 잃지 말았으면 하는 바람이다. 무조건 많은 책을 읽는, 권수에 의지하는 책 읽기는 좋은 독서법이 아니다. 책은 양이 아닌 '제대로 읽는' 것이 중요하다.

다양한 독서법이 있다. 독서법만 다룬 책도 많다. 독서 인구가 절벽이라는 작금의 현실을 살펴볼 때 책을 많이 읽는 사람이 늘어나는 것은 두 팔 벌려 환영할 일이다. 하지만 시중에 나오는 독서법을 실천하기 전에 내가 왜 책을 읽어야 하고, 무엇 때문에 읽으려는지 신중하게 고려해보았으면 한다.

사람마다 얼굴이 다르듯 독서 습관도 천차만별이다. 누군가는 1년에 책 몇백 권을 읽고, 누군가는 천 권, 아니 그 이상을 읽는 사람도 있다. 여기서 중요한 것은 천 권, 만 권의 권수가 아니다. 권수는 양을 측정하기 위한 일종의 수치일 뿐 그 어떤 것도 되지 못한다. 《공부 공부》의 저자 엄기호의 말처럼 읽는다는 것, 공부한다는 것은 그것을 그냥 해보는 것에 그치지 않고 온몸으로 겪어내는 과정에서 얻는 것이자 깨달음이다.

천 권, 만 권을 읽지 못했다고 좌절하지 말자. 그것은 나와 다른 사람의 이야기고, 그 나름의 독서법일 뿐이다. 그 사람은 다양한 독서법 중에 자신의 목표와 성취를 수량화하기 위한 독서법을 택했을 뿐이다. 여기에 기죽거나 나는 안 되나 보다 하며 낙담하지 말자. 모든 것이 순위와 서열로 평가되는 시대에 독서마저 이런 잣대로 평가되어서는 안 된다.

고민
고민하지마

난 여전히 책 읽기를 그렇게 즐기지도, 좋아하지도 않는다. 읽기보다는 쓰기가 나에게는 더 즐거운 놀이다. 그럼에도 내가 계속 책을 읽는 이유는 책 속의 문장과 만나는 엄청난 즐거움 때문이다. 예능 프로그램에 자주 등장하는 게임 중에 '해결의 책'이라는 게임이 있다. 이 게임은 책 위에 손을 얹고 질문한 후 아무 곳이나 펼쳐 나오는 문장을 읽으면 이것이 대답이 되는 그런 게임이다. 너무나 신기한 것이 어떤 돌발 질문을 해도, 해결 문장이 언제나 그럴듯하다는 것이다.

책을 어느 정도 읽고 나니 슬슬 쓰고 싶은 욕구가 스멀스멀 올라왔다. 하지만 쓰는 일이 그리 간단한 일이랴. 읽기는 쉬

위도 쓰기는 힘들다는 말을 수없이 들어왔고, 온몸으로 그것을 느끼고 있었다. 무엇보다 해결되지 않았던 글쓰기의 트라우마, 두려움, 남의 시선, 높디높은 자기 검열 등 수많은 이유가 날 못 쓰게 했고, 잠 못 이루게 했다.

그러던 어느 날, 책이나 보자는 심정으로 동네 도서관에 갔다. 열람실 이곳저곳을 돌아다니며 제목이 마음에 들거나 저자가 궁금하거나 표지에 관심이 가거나, 이런 내 마음대로의 이유로 책 몇 권을 마구 꺼냈다. 책상에 앉아 이것들을 하나하나 성의 없이 대충대충 읽다가 그 자리에서 쏟아져 나오는 울음을 멈추지 못하고 말았다. 그저 아무 생각 없이 골랐던 책이 지금 내가 가장 힘들고 괴롭고 어두운 부분을 어루만져주는 그것이었다.

책은 언제나 그렇듯 나에게 그런 존재다. 내가 그토록 못 쓰는 이유와 두려움을 알아주는 친구 같았다. 그 순간 책이 나에게 "괜찮아, 이제 곧 너도 쓰게 될 거야."라고 말하는 듯했다.

오랜 밤샘 근무로 그냥 피곤한 줄로만 알았고, 어디가 아픈 줄도 몰랐다. 그러던 어느 날, 정신을 잃었고 깨어난 곳은 병원이었다. 문진으로 갑상샘 정밀 검사가 필요하다는 진단을 받

왔고, 초음파 검사를 비롯한 각종 검사에 들어갔다. 초음파와 MRI 촬영을 통해 8밀리미터가 넘는 크기의 결절 수십 개가 내 목 주변을 감싸고 있다는 것을 확인했다. 의료진은 조직 검사를 권유했다. '암'이란 단어에 심장이 쿵 떨어지는 기분이었다. 검사 결과 다행히 암은 피해갔지만 3~6개월에 한 번씩 여전히 병원을 찾아야 하는 신세가 되었다.

아침에 일어나기가 죽기보다 싫었다. 눈을 떴지만 몸은 여전히 누워 있었고, 의욕은 넘쳤지만 몸이 받쳐주지 않았다. 마음처럼 몸이 따라주지 않으니 삶의 질은 계속해서 떨어졌다. 저녁이 되면 부은 발과 다리 때문에 낮에 들어갔던 신발을 다시 신을 수조차 없었다. 하지만 이 모든 것을 아프다는 말로 돌리기엔 나는 엄마였고, 아내였고, 사회인이었다.

아프다고 해서 업어달라는 것은 더욱 아니다. 그저 저 사람이 평소와 좀 다르면 왜 그럴까, 어디가 아픈가 하는 작은 관심 정도면 된다. 어쩌면 내가 남에게 향하는 관심의 끈을 완전히 끊지 못하고, '인연'이라는 이름으로 감정을 질질 흘리는 것은 바로 나의 오래된 질병 때문인지도 모르겠다.

책은 그런 나에게 아프면 아프냐고 '작은 관심'을 표현해주고, 아는 척해주는 그런 존재다. 어디가 조금 아프지만 어디에 아픈지 잘 모를 때 소위 말하는 병명을 잘 모르거나 원인 불명일 때 난 '서점'을 찾는다. 서점에 가면 지금 내가 어디가 아픈지, 무엇이 힘든지 금방 알 수 있다. 그날 집어 든 책의 제목과 내용이 바로 나의 '병명'이자 아픈 '구석'이다.

읽기의 즐거움을 빼앗지 말자

서점에 가면 자주 언성을 높이는 엄마와 아이를 보곤 한다. 엄마는 한 권이라도 좋은 책을 아이에게 권해주려고 하고, 아이는 자기가 읽고 싶은 책을 읽으려고 한다. 결국, 경제권을 가진 엄마의 승리로 끝나지만 계산대에 있는 아이의 표정으로 봐서는 아이가 그 책을 읽을지는 미지수다. 엄마가 아이에게 권하는 책은 '좋은 책'이라기보다는 '돈의 가치가 있는 책'이라고 여겨진다. 한번은 이런 일이 있었다. 컴퓨터 백신 개발로 한때 대한민국을 들썩이며 엄마들로 하여금 자식이 저렇게만 자라준다면 더할 나위 없겠다고 생각하게 한 정치인이 있었다.

그에 관한 책은 만화책, 동화, 위인전 등 종류도 많고 읽을거리도 많다. 한창 치열한 선거전이 펼쳐질 즈음 한 아이가 그 정치인을 다룬 책을 골랐다. 그때 그 엄마가 했던 한마디가 잊히지 않는다.

"○○아~ 그 책 사지마. 그 사람 별로야."

"왜 예전에 엄마가 좋은 사람이라고 했잖아? 의사고, 컴퓨터 박사고?"

"이제 아니야. 그냥 뒤."

이런 코미디가 또 있을까. 그 엄마가 틀렸다는 것은 아니다. 하지만 책은 절대적으로 자기가 좋아하고 보고 싶은 책을 읽어야 한다. 영상에 쉽게 노출된 현대인에게 텍스트를 읽는 것은 쉬운 일이 아니다. 지루하기 이를 데 없다. 이런 지루한 시간을 견디기 위해서는 책은 반드시 '내가 좋아하는 책'이어야 한다. 제목이 끌릴 수도 있고, 표지가 마음에 들 수도 있다. 아니면 작가를 좋아할 수도 있다.

그저 읽는 사람의 마음에 드는, 그런 책을 읽는 것이 맞다. 난 선정 도서, 추천 도서라는 말을 그리 좋아하지 않는다. 누군가가 추천해달라면 기꺼이 알려주지만 항상 반신반의한다. 책은 철저히 개인 취향이다. 남들이 아무리 좋다고 하는 책도 내 마음에 들지 않으면 별로인 책이다. 마음에 들지 않는, 형편없는 그것이다.

남편은 삼국지와 무협 소설을 좋아한다. 중학생이 되기 전에 어른들이 읽는 삼국지 수십여 권을 이미 여섯 번 이상 읽었고, 상당수의 무협지를 통독했다. 특히 삼국지에 대한 예찬은 대단하다. 그는 이 책을 통해 대인관계, 심리학, 인문학, 철학 등을 모두 섭렵했다고 말한다. 웬만한 일에는 멘탈이 흔들리지 않는 그를 볼 때면 삼국지 때문인지, 타고난 성격인지 믿을 수는 없지만 일정 부분 동의하는 바다. 그는 나에게 20년째 삼국지를 읽으라고 종용하기도 했다. 그러나 난 어린이 버전이나 만화조차도 끝까지 읽지 못했다. 반면 남편은 내가 읽는 문학이나 인문학 서적은 읽기 버거워한다.

책은 그렇게 철저히 개인 취향이다. 그래야 재미있고, 그래야 오래 읽는다.

남편도 나도 이제 서로에게 책을 권하지 않는다. 그저 책장만 공유할 뿐이다. 읽고 싶은 마음이 들면 언제든 읽을 수 있게 집안 곳곳에 깔아둘 뿐이다. 남편도, 나도 서로 책 고르는 즐거움을 뺏지 않는다. 그 책을 읽고 싶다는 것은 거기가 아프고, 거기가 힘겹다는 뜻이다. 그런 아픔과 괴로움이 해소될 때의 쾌감을 빼앗지 말자. 책은 그런 존재다.

책은 스스로 선택할 수 있는 자유가 주어졌을 때 비로소 읽게 되고, 읽고 싶어진다. 어디가 아플 때 어릴 적 엄마가 발라주던 빨간약처럼, 어른이 된 나를 치료해주고, 해결되지 않는 작은 질문을 풀어주는 그런 존재다. 그래서 나는 책을 읽는다.

책을 읽는 이유와 목적은 사람마다 다를 것이다. 독서법역시 그렇다. 하지만 난 이렇게 말하고 싶다. 그냥 서점에 가서 아무 생각 없이 마음 내키는 대로 제목이 좋으면 제목이 좋아서, 목차가 좋으면 목차가 좋아서, 표지가 좋으면 표지가 좋아서 그저 그렇게 골라 읽자. 그것들을 골랐다는 것은 내 마음에 해결되지 않는 무엇이 있다는 것이고, 그곳이 아프다는 증거이자 신호다.

그럼 그 책은 당신의 그 부분을 잘 치료해주고, 채워줄 것이다. 책을 그렇게 한번 읽어보자. 아마 모르긴 몰라도 책 읽기가 더 이상 부담스럽지 않을 것이다. 어쩌면 너무 재미있어서 더 읽고 싶을지도 모른다.

편독하지
말란 말이야

일일 일독은 그렇게 60여 일 만에 막을 내렸다. 60일 동안 읽은 책의 목록을 자세히 들여다보았다. 순간 내가 너무 한 분야의 책만 읽었음을 깨달았다. 매일 한 권씩 읽다 보니 쉽고 편한 책만 손에 들었던 것이다. 우리는 익숙하고 편한 것만 보고 싶어 하고, 느끼고 싶어 한다. 이게 잘못된 것일까. 익숙하고 편한 것에 마음이 끌리는 것은 어쩌면 인간의 본성 아닐까.

사람을 만날 때 두 명 이상 만나는 것을 버거워하는 친구가 있다. 그녀는 항상 일대일 만남을 좋아한다. 나와의 만남에도 누군가가 끼면 약속을 취소해 가끔 나를 당황스럽게 했다. 처음에는 그녀의 태도에 당혹스러웠지만 이유를 알게 된 후로는 오히려 더 조심하게 되었다. 그녀가 말하는 이유는 이렇다. 나이가 드니 점점 나와 다른 성향의 사람을 만나는 것이 불편해졌다고 한다. 그들에게 맞추기가 어렵고, 내 성향대로 행동하고 말하자니 나중에 생기는 잡음이 듣기 싫다는 것이다. 고민 끝에 내린 결론이 될 수 있으면 내가 편한 사람, 자신과 이야기가 통하는 사람만 한 명씩 만난다고 했다. 충분히 이해가 간다.

사람이 많이 나오는 모임에 나가면 여러 가지 유형의 사람을 만나게 된다. 일부는 나와 맞을 수도 있지만 정반대인 경우도 비일비재하다. 일대일의 만남에서는 이런 경우가 거의 없다. 만나기 불편하거나 나와 다른 성향의 사람과는 애써 일대일 만남을 잡지 않기 때문이다.

그렇다면 이런 성향이 그 사람의 발전에 도움이 될까? 솔직히 이 부분에 대해서는 명확하게 말하기는 어렵다. 이것은 지극히 개인적인 부분이기 때문이다. 하지만 독서는 인간관계와는 다르다. 폭넓은 독서야말로 인간관계보다 더 중요한 그 사람의 평생을 좌우하는 일이다.

많은 사람이 문학작품을 읽는 이유에 대해서 물어본다. 특히 중고등학생들을 대상으로 하는 강연에서는 극명하게 불만을 토로하는 학생도 많다.

> "왜 재미없는 《달과 6펜스》를 읽어야 하나요?"
> "문학작품은 요약본으로 읽으면 안 되나요?"
> "작품에 등장하는 사람을 도저히 이해할 수 없어요."
> "이게 현실적으로 가능한 이야기예요?"

질문이 많다는 것은 작품을 꼼꼼히 읽었다는 증거이기에 반갑고 즐겁다. 책을 안 읽는 학생이 태반인 현실에 비추어봤을 때 고맙기 그지없다. 가르치는 사람에게 이런 학생들은 업고 다니고 싶을 만큼 사랑스럽다.

그들이 하나같이 하는 이야기가 책이 읽기 불편하다는 것이다. 그럼 우리는 언제까지 자신이 읽기 편한 책만 읽어야 할까? 과연 읽기 편한 책이란 어떤 것일까. 나 역시 일일 일독을 할 때 편하고 즐기는 주제의 책만 읽는 이른바 '편독'하는 나를 볼 수 있었다. 이 상황에 대한 명쾌한 해답을 영화 〈리스본행 야간열차〉의 원작자로 잘 알려진 페터 비에리의 《자기 결정》에서 찾을 수 있었다. 그 책에서는 문학작품을 읽으면 사고 측면에서 가능성의 스펙트럼이 열리고, 인간이 삶을 이끌어나가는 모습이 얼마나 다를 수 있는가를 알게 되며, 문학작품을 읽기

전에는 미처 생각하지 못했던 지점에 대해 상상력의 반경이 보다 넓어지는 것을 깨닫게 된다고 한다.

독서하는 이유 중 하나가 다른 사람의 삶과 태도, 가치관을 간접 경험을 하기 위해서다. 자의적인 읽기를 통해 우리는 얼마든지 많은 사람을 만날 수 있다. 문학작품은 시간과 공간적인 배경이 존재하기 때문에 보다 구체적으로 상황에 따른 인물과 행동 유형을 직간접으로 알 수 있다.

편독하지 말자. 시도 읽고 소설도 읽고 자기계발서도 읽자. 그러면 그들이 하는 경험이 나의 지식이 되고, 나의 오늘 글감이 되어 보다 다양한 글쓰기를 불러오는 것을 알게 된다.

엄마의 시간,
책 읽기에 딱 좋은 시간

한 광고가 날 울렸다. 두 아이를 키우는 엄마가 아이를 씻기고 입히며 지친 얼굴로 한마디 한다.

"엄마라는 경력은 왜 스펙 한 줄 되지 않는 걸까?"

맞다. 엄마라는 경력은 이력서에 단 한 줄도 쓰지 못한다. 심지어 경력 단절 후 재취업을 위해 면접을 본 한 엄마는 면접관에게 이런 말을 들었다고 한다.

"○○년에 회사 그만두고 그동안 아무것도 안 하셨어요?"

아무것도 안 하다니. '경단녀' 뽑겠다는 면접관이 할 소리인가!

엄마가 되고, 생활 패턴이 완전히 바뀌었다. 오랜 사회생활로 나름 철저한 스케줄 관리가 몸에 익은 나였다. 일별, 주간별, 월별, 분기별, 연말에 해야 할 일을 다이어리 빼곡히 적었고, 이를 하나하나 지워가면서 나름 빠르게 일하는 '꽤 일 잘하는' 사회인이었다.

그런데 아이가 태어나고 모든 상황이 변했다. 아이는 내가 계획했던 시간에 일어나지도, 먹지도, 울지도 않았다. 그저 자기 일어나고 싶은 시간에 일어나고, 자고 싶을 때 자고, 울고 싶을 때 울고, 먹고 싶을 때 먹는 그런 '사람'이었다. 적응이 되지 않았다. 어찌할 바를 몰랐다. 그렇게 몇 년을 오늘은 누구에게 아이를 맡길까, 몇 시에 아이를 데리러 가야 하나 조마조마하며 주변 눈치를 보고 살았다.

늦은 오후, 퇴근 시간이 가까워져 올 무렵 누군가가 회의라도 한다고 하면 심장이 터질 듯한 불안감으로 손마디 마디가 저렸다. 그렇게 몇 년을 살다가 결국 '전업주부'가 되었다. 간헐적으로 일을 했지만 주 업무가 아이를 돌보며, 집안일을 하는 것이었다.

대한민국에서 엄마로 산 지 16년째다. 나만 졸졸 쫓아다니던 아이도, 불철주야 질풍노도의 사춘기를 보내느라 엄마인 나보다는 친구와 스마트폰을 끼고 산다. 내가 필요한 순간은 삼시 세 끼 밥 먹을 때와 친구들과 놀기 위한 돈이 필요할 때뿐이다. 오랜 사회생활을 끝내고 전업주부로도 살아보고, 작게나마 나의 일을 조금씩 만들어가는 요즘, 이제야 비로소 엄마의 시간을 어떻게 보내야 하는지 알게 되었다.

엄마의 시간, 절대적으로 읽고 써라

이 문장에 불편한 심정을 토로하는 사람도 있을 것이다. 그러나 잠시 심호흡하고 듣길 바란다. 엄마의 시간은 책을 읽고 글을 쓰기 더할 나위 없이 좋은 시간이다. 여자에게 특히 대한민국 엄마들에게 '엄마의 시간'은 고독과의 싸움이요, 옆집 엄마와의 '전쟁'이다.

일단 피할 수 없으면 즐기자. 읽고 쓸 시간이 절대적으로 부족하겠지만 잘 살펴보면 숨어 있는 나만의 '절대 시간'이 있다. 누구는 아침 이른 시간일 수도 있고, 누구는 밤늦은 시간일 수도 있다. 그 시간에 책 한 줄이라도 읽고, 글 한 줄이라도 쓰자. 어렵고 힘들게 쓰지 말자. 그저 어제 본 드라마의 명대사 한 줄도 좋고, 주변에서 들은 재미있는 이야기도 좋다. 아무거나 딱 한 줄씩 써보자. 한 달쯤 지나면 두 줄이 쓰고 싶어질 것이고, 1년이 지나면 A4 한 장쯤은 채울 수 있을 것이다.

책 읽을 시간 당연히 없다. 요즘 애들이 어디 보통 아이들인가. 성인 스케줄보다 더 복잡하고 어마 무시한 스케줄을 소화하는 아이들이다. 아이를 보살피는 엄마들 역시 두 배, 세 배 더 바쁘다. 그렇지만 딱 하루 10분! 나만의 책 읽는 시간을 가져보기를 권한다. 하루 10분은 할 수 있고, 낼 수 있다. 10분이 너무 적다고 할 수도 있다. 물론, 적다. 하지만 시간이 길면 엄마들은 절대 할 수 없다.

그저 딱 하루 10분으로 시작해보자. 한 달 10분이 익숙해지면 두 번째 달은 20분, 100일쯤 지나서는 30분씩 읽자. 하루 30분이면 일주일에 300페이지 정도 되는 단행본은 거뜬히 읽을 수 있다. 그리고 제발, 거듭 강조하지만 그 이상은 읽지 말라. 특히 아이가 둘 이상인 엄마는 하루 30분도 많다. 20분 정도만 읽기를 강력히 추천한다. 어차피 매일 해야 한다. 오늘은 컨디션이 좋아 30분 이상 읽고 싶어도 딱 20분만 읽자. 조금씩 해야 오래 길게 할 수 있다.

그리고 엄마의 시간을 스펙으로 만들 수 있는 마지막 방법은 이 두 가지를 매일 블로그에 올리는 것이다. 한 달 후 그 기록들은 어마어마한 모습으로 눈앞에 펼쳐질 것이다. 일상 속 엄마의 하루 10분 읽기와 쓰기를 언제나 응원한다.

하루 10분, 엄마를 위한 읽고 쓰는 법.

① 나만의 절대 시간 찾기
② 하루 1번 글 쓰는 알람 맞춰놓기
③ 하루 10분, 매일 책 읽기
④ 읽은 책 기록으로 남기기

마흔,
독서하기 좋은 나이

도쿄대 의학부를 졸업하고 미국 유학을 다녀온 정신과 전문의 와다 히데키는 40대가 되자 독학의 즐거움에 눈을 뜨기 시작했다. 학생 때는 채 알지 못했던 앎의 즐거움, 온전히 나를 위한 공부에 빠진 자신의 이야기를 책으로 펴냈다. 이 책이 바로 나를 위한 어른의 공부 《마흔, 혼자 공부를 시작했다》이다. 그는 공부라고 하면 지식을 늘리는 것으로만 생각하고, 책을 많이 읽어 폭넓은 지식을 갖춘 사람은 무조건 똑똑한 사람이라는 선입관을 지적했다. 진짜 공부는 지식을 늘리는 것이 아닌 사고의 방식을 확대하는 것이라고 말한다.

이 책을 읽는 내내 가슴이 뛰었다. 어쩜 이리 나와 똑같은 상황일까. 어른의 공부는 학생 때의 그것과는 다르다. 나 역시 뒤늦은 마흔 살에 이르러 진짜 책이 주는 즐거움을 제대로 알게 되었고, 그 후 독서를 통해 지금은 나만의 콘텐츠를 구현해 나가고 있다. 어찌 보면 나의 진짜 공부가 40대에 이르러 시작했다고 해도 과언이 아니다. 이전의 공부는 사회가 원하는 지식을 배우고 이를 소비하기 위한 공부였다면 지금의 공부는 온전히 내가 원해서, 필요해서 하는 공부다. 공부하는 과정 하나하나에 누구의 강요도 없다. 잔소리하는 상사도, 경쟁해야 하는 친구도 없다. 그래서 무엇보다 재미있다. 자신이 원하는 분야를, 원하는 방식으로 공부하기 때문에 저절로 흥이 난다. 당연히 효율도 높다. 투자한 시간만큼 결과물도 확실하다. 오히려 누가 시키지도 않았는데 새벽마다 일어나서 책을 읽고, 인상 깊은 부분을 필사하고, 글을 쓰고, 블로그에 이것을 올린다. 더 하고 싶어 나만의 시간이 조금만 더 주어졌으면 하는 아쉬움마저 든다. 기말고사가 있는 것도 아니고, 자격증 시험이 있는 것도 아닌데 여전히 늦은 밤, 이른 새벽까지 책을 읽고 밑줄을 긋는다.

고백하자면 20, 30대에는 책 읽을 시간이 없었다. 친구가 좋았고, 사랑에 정신이 없었다. 핑계가 참 구차하다. 요즘이야 전자책도 있고, 도서관도 즐비하지만 나의 20대에는 책을 읽기 위해서는 많은 노력이 필요했다. 어느 날, 문득 정신을 차리고 책이 좀 눈에 들어오려나 싶은 30대에는 사회생활에 적응하느라 하루하루를 전쟁처럼 살았다. 선배의 눈치, 눈에 보이는 성과 이런 것에 온 신경이 가 있다 보니 제대로 책을 읽기란 더 어렵고 힘들었다. 그리고 또 정신을 차리고 보니 옆에 식구가 늘어 해야 할 일이 두 배로 많아졌다. 마흔이 되었다. 40대가 되고, 아이가 학교에 가자 이제야 비로소 나만의 시간과 여유를 갖게 되었다.

마흔, 중년이 되면 무조건 반드시 책을 읽어야 한다. 왜 읽어야 하는지 분명한 이유가 있다. 진짜 공부를 하기 위해서다. 책은 신이 우리에게 준 마지막 선물이다. 인간이 각자 쌓은 경험과 지식을 책으로 만들어 나누어 읽으며 때로는 서로에게 도움이 되기도 하고, 때로는 위로와 안식을 주라고 '책'이라는 산물을 만든 것은 아닐까. '책'이라는 매개체가 없다면 우리는 직접 경험하지 못한 것을 제대로 알지 못해 서로를 이해하는 폭이 훨씬 좁을 것이다. 그뿐만 아니라 지금의 우리는 자기와 다른 삶을 사는 이들을 배려하지 못하고, 하루가 멀다 하고 서로 아웅다웅하지 않을까. 그런 귀한 선물은 우리는 오늘도 방치하고 있다. 마흔이여, 이제 책을 읽자.

얼마 전 고전 《어린 왕자》를 다시 읽었다. 지금까지 이 책을 여섯 번 정도 읽은 것 같다. 처음 시작은 10대 때로 기억한다. 그때는 선생님이 이 책을 왜 읽으라고 했는지 정말 이해가 되지 않았고 너무 재미가 없었다. 그러다 20대에 다시 한번 읽게 되었고, 30대에 두 번, 40대에 두 번 정도 읽은 것 같다. 신기하게도 이 책을 읽을 때마다 느낌과 감동이 매번 다르다. 분명 같은 책을 읽었는데 말이다. 같은 콘텐츠를 읽었는데 왜 나이에 따라 느낌과 감동이 다를까. 그 이유는 나이가 들수록 쌓인 지식과 경험으로 보지 못했던 것들을 보기 때문이다. 예전엔 미처 보지 못했던, 그것이 보이기 시작하는 것이다.

중년에 반드시 책을 읽어야 하는 두 번째 이유가 바로 여기에 있다. 책은 살아온 만큼 읽히기 때문이다. 이 말이 절대적이지는 않다. 책을 많이 읽어도, 나이가 들어도 그대로인 사람도 많다. 하지만 사람들 대부분의 경우 연륜과 경험이 쌓이다 보면 사물을 바라보는 '눈'이 생긴다. 이 '눈'을 통해서 세상을 바라보기 때문에 오랜 세월을 보내며 쌓은 지식을 책을 통해 자신만의 지혜로 만들어나간다면, 그 누구보다 풍부한 콘텐츠를 만들 수 있다.

한 여성 인력개발센터에서 '자기를 표현하는 글쓰기 특

강'을 진행했다. 총 3강으로 구성된 강좌의 최종 목표는 회사를 지원할 때 쓰는 자기소개서 작성이었다. '자상한 아버지와 가정적인 엄마'로 시작하는 예전의 자소서와 달리 요즘 회사에서 원하는 에세이 형식의 자소서를 쓰기 위해 마련된 강좌다. 이 수업의 최대 관건은 글로 자신의 일생을 정리하기였다. 짧게는 1년에서 많게는 20년을 훌쩍 넘긴 경력 단절 여성이 대부분이었다. 각자 자기소개를 한 후 그동안 해왔던 일과 진출하고 싶은 분야에 대해서 자연스럽게 이야기하는 시간을 가졌다. 한 50대 초반의 수강생은 30년 넘게 사무직으로 근무하다 1년 전 조기 은퇴를 했다. 1년 동안 산에도 다니고, 친구들도 만났지만 오래 일을 했던 터라 이런 생활에 익숙하지 않아 다시 일을 하고 싶어서 이것저것 배우고 있다고 했다. 그런데 진출하고자 하는 분야가 다시 '사무직'이라니. 대뜸 "왜 또 사무직을 하세요? 30년 넘게 하셨잖아요?"라는 말이 내 입에서 튀어나왔다. 수강생은 내 말에 놀랐는지 이렇게 대답했다. "아, 그러네요. 사무직이 싫어서 그만둔 건데 왜 또 그쪽으로 알아보고 있었죠? 근데 그것밖에 할 줄 아는 게 없어요." 난 또 바로 말했다. "지금부터 배우시면 되죠?

　그제야 50대 수강생은 자신이 왜 미처 그 생각을 하지 못했는지 모르겠다며, 오늘 수업에서 정말 큰 것을 얻어갔다고 했다.

우리는 모두 익숙한 것을 선호한다. 특히 나이가 들면 호르몬의 저하 등으로 다양한 노화의 징조가 나타나고, 전두엽이 위축되어 의욕이 상실된다고 한다. 하지만 뇌는 나이가 들어도 기능이 향상되고, 오히려 지적 능력이 유지될 수 있다.

이렇게 되기 위해서는 한 가지 방법이 필요하다. 바로 '공부'다. 읽고 쓰면서 자기만의 공부를 하면 시야가 넓어지고 인생의 선택지가 늘어난다. 정년 후 창업에 성공한 사람들의 한결같은 비결은 바로 미리 계획을 세우고 꾸준히 한 공부다. 나이가 들어서도 공부하는 사람은 대화의 주제가 다양하고 깊이 있는 글을 쓸 수 있다. 진짜 공부는 하나의 답이 아닌 여러 답과 가능성을 찾는 것이다. 그러기에 중년의 독서는 당연한 필수 과제다.

책을 읽으라고 강조하면 중년들은 대부분 이렇게 말한다.

"나도 읽고 싶지만 먹고살기 바빠서 책 읽을 시간이 없다."
"뒤돌아서면 잊어버린다."
"읽었던 부분을 읽고 또 읽어서 진도가 안 나간다."
"읽어도 기억에 남는 게 없다."

수많은 핑계를 댄다. 이런 중년에게 일침을 가한 이가 있다. 바로 《완벽한 공부법》의 저자 고영성 저자다. 그는 책에서 모든 사람의 뇌는 죽을 때까지 성장하며 아이큐뿐만 아니라 우리가 절대 변하지 않는다고 생각하는 성격 또한 변할 수 있다고 한다. 단, 그 변화는 무엇을 믿고 행동하느냐에 따라 달라진다는 것이다. 자기 분야에서 최고라 인정받는 이들의 한 가지 공통된 습관이 있다. 바로 독서 습관이다. 빌 게이츠는 '하버드 졸업장보다 소중한 것은 독서하는 습관'이라고 했고, 혼혈인 오바마가 흔들리는 정체성에 대해 고민할 때 그를 잡아준 것도 '독서'였다. 그는 '책 수천 톤을 읽었다'고 밝혔을 만큼 소문난 독서광이다. 세계적인 경제학자 워런 버핏은 '인생을 바꿀 수 있는 위대한 비책은 독서'라고 말한다. 스티브 잡스가 세상에서 가장 좋아하는 것 역시 '책'이다.

세상에서 최고라고 일컬어지는 상위 1퍼센트가 꾸준히 공부하고 책을 읽는 이유는 무엇일까? 경험만으로는 부족한 빈곳을 채우기 위해서, 혼란을 잠재우고 불확실한 미래를 대비하기 위해서 등 각자의 이유가 있을 것이다.

마흔의 독서는 인생 최고의 선물이다. 더 이상 늦추지 말고 그냥 읽자.

읽기,
좀 즐겁게 하면
안 되겠니?

책을 읽겠다고 마음먹었다면 일단 대형 서점에 가자. 서점에 가면 입구에 분야별 주간, 월간 베스트셀러를 한눈에 볼 수 있는 공간이 있다. 사람들 대부분은 서점에 갔을 때 자신이 사고자 하는 분야의 책만 살펴보는 경우가 많다. 하지만 자신의 지식과 경험을 기반으로 다양한 콘텐츠를 창출하기 위해서는 나의 관심 분야도 중요하지만 대중의 심리와 트렌드를 파악하는 것이 핵심이다. 대형 서점 베스트셀러 쪽에 가면 분야별로 어떤 책이 인기가 있고, 사람들이 어떤 단어와 주제에 주목하고 있는지 알 수 있다.

일단 대형 서점에 가서 마음에 드는 책 열 권을 집어라

얼마 전 대형 서점을 방문했다가 짐짓 놀랐다. 베스트셀러 구석 가득 꽂힌 '말'과 '말투'에 대한 단어 때문이다. 작년까지만 해도 '자존감 수업'의 여파로 '엄마의 자존감 공부', '자존감 대화법' 등 '자존감'이라는 단어가 주요 쟁점이었다. 그런데 어느 틈에 트렌드가 바뀐 것이다. '자존감'에서 어느덧 '말'이라는 키워드로 관심과 이슈가 이동했다.

그렇다면 대형 서점은 얼마에 한 번씩 가는 것이 좋을까? 사실 정답은 없지만 최소 두세 달에 한 번씩은 꼭 가는 것이 좋다. 이 기간이 트렌드와 이슈의 변화와 추이를 관찰하기에 좋은 시기이기 때문이다.

베스트셀러 쪽을 살펴보았다면 이제부터는 본격적으로 서점을 돌아다니면서 묻지도 따지지도 말고, 읽고 싶은 책을 열 권만 집어라. 이때 분야를 생각하지 말고 자유롭게 고른다. 한쪽 분야에 치우쳐도 관계없다. 그저 내가 읽고 싶다는 생각이 드는 책을 집어 든다. 대단히 오래 생각할 필요도 없고, 치밀하게 계획을 세우지 않아도 된다. '읽고 싶다', '관심 간다', '알고 싶다' 이 세 가지에만 집중한다.

서점에 구비된 책은 적게는 몇백 권에서 많게는 몇만 권이다. 하루에 새로 들어오는 권수만 해도 족히 백여 권은 넘는다. 그중에서 단 책 열 권을 집었다면 당신의 뇌 속에 지금 이 단어들이 관심 단어로 자리 잡았다는 증거다. 이유는 다양할 것이다. 아는 분야이기 때문에 그 책을 집었을 수도 있고, 모르는 분야지만 알고 싶어서 선택했을 수도 있다. 열 권을 집어 들었다면 서점 한구석 조용한 곳을 찾아 그 자리에서 즉시 단숨에 모두 읽어라. 열 권을 어떻게 단숨에 읽느냐고 반문할 것이다. 이때 읽는 것은 우리가 알고 있는 정독의 개념이 아니라 훑어보기다. 목차를 한눈에 살펴보고 마음에 드는 챕터를 골라 읽어도 좋고, 앞부분 몇 장을 읽어 내려가도 좋다. 상관없다. 첫 페이지부터 읽어나가다가 막히거나 이해가 되지 않는 부분이 나온다면 그냥 넘기면서 읽어라. 그렇게 단숨에 살펴본 후 그중 가장 마음에 드는 한두 권을 반드시 사서 서점을 나온다.

이 방법은 서점뿐만 아니라 도서관에서도 가능하다. 특히 서적을 많이 보유하고 있는 오래된 도서관일수록 좋다. 그런데 될 수 있으면 책을 사서 읽는 것을 권하고 싶다. 도서관에서 책을 빌려 읽는 것도 좋은 독서 방법이다. 하지만 은근히 쪼이는 대출 반납 기일 문자메시지가 독서를 재촉하기도 해서 책을 제대로 읽지 못하는 경우도 많다. 어떤 방법이 좋은지는 생활 패턴을 살펴보고 판단하면 된다.

나는 도서관 책을 잘 이용하지 못하는 편이다. 제대로 읽기 위해서는 책을 여러 번 꼼꼼히 보아야 하고, 책에 밑줄을 긋거나 필사해야 하기 때문에 대출 도서로는 도저히 감당이 되지 않는다. 게다가 대출 도서가 버거운 이유는 책을 빌리고 다시 반납하는 과정에서 시간 소모가 많기 때문이다. 게으르게 반납 기일을 지키지 못하면 연체의 늪에 빠져 스스로 책에 대한 죄책감이 들기 일쑤다.

하지만 보고 싶은 책을 모두 새 책으로 구입해서 살 수도 없는 노릇이었다. 한참을 궁리하던 나에게 한 가지 좋은 대안이 생겼다. 바로 중고 서점을 활용하는 것이다. 알라딘, 예스24 등 온라인 서점에서 운영하는 중고 서점에 가면 좋은 책을 얼마든지 싸게 구입할 수 있다. 앱을 통해 자주 가는 중고 서점을 등록해놓으면 구매를 원하는 책이 올라왔을 때 언제든 저렴한 가격에 살 수 있다. 요즘은 미니멀 라이프 열풍으로 책을 읽고 바로바로 처분하는 사람이 꽤 많다. 부지런함을 조금만 발휘하면 최신간도 착한 가격에 만날 수 있다. 처음 중고 서점을 알게 되었을 때 신세계를 만난 듯 정말 책을 쓸어 담아 사 오곤 했다. 바구니에 읽고 싶은 책을 마구 넣어도 10만 원이 넘지 않는 쾌감을 잊을 수 없다. 특히 아동 도서의 경우는 거의 40퍼센트 이상 저렴한 책이 즐비하다. 반드시 이용해보길 바란다.

더불어 이웃 블로그를 이용하는 것도 좋은 책을 저렴하게 구할 수 있는 또 다른 방법이다. 블로그의 이웃 중에서 취미나 생각이 나와 비슷한 사람이 많다. 자연스럽게 읽는 책도 비슷하다. 독서가 끝난 도서를 블로그에 올려 판매하는 사람도 많으니 이를 꼭 활용하자. 멀리 갈 필요 없다. 블로그만으로 좋은 책을 얼마든지 구할 수 있다. 살면서 만난 사람 중 가장 안타까운 사람이 있다면 아마 책값을 아끼는 사람일 것이다. 다른 것은 아껴도 책값은 아끼지 말자.

한 초등학교에서 학부모와 학생을 대상으로 독서법과 글쓰기 강의를 했다. 여기서 아주 재미있는 일이 있었다. 엄마들은 아이들이 책을 안 읽는다고 하소연하고, 아이들은 집에 읽을 책이 없다고 한탄하는 것이다.

아이들 말은 이렇다.

"우리 엄마는 책 안 사줘요."
"유치원 때 읽던 책밖에 없어요."

엄마들 말은 이와 다르다.

"집 한쪽 벽면이 다 책이에요."

"책은 쳐다도 보지 않아요."

이런 동상이몽이 또 있을까? 이유를 찬찬히 살펴보니 이렇다. 엄마는 책값이 아까워 아이의 학년 또는 읽기 수준보다 항상 난도가 높은 책을 사 온다. 아이는 글자도 많고 내용도 어려우니 책이 손에 안 잡힌다. 읽기가 싫은 게 아니라 어려운 것이다. 반대로 아이가 성장하면 책도 적당한 시기에 바꿔주어야 한다. 그래야 책에 대한 호기심도 생기고, 알고 싶어 하는 욕구를 채울 수 있다. 하지만 엄마는 책은 반복해서 읽는 것이 중요하다며 재독, 삼독을 권한다. 아이는 이미 다 아는 책이 재미있지도 흥미롭지도 않다. 책에서 점점 더 멀어져 간다. 엄마들이여, 제발 옷은 크게 사되 책은 아이 수준에 맞게 사라. 그리고 읽지 않는 책은 빨리 처분하길 바란다.

묻지도 따지지도 말고 그 자리에서 딱 두 권만 읽어보자
유명한 건강식품 광고 중에 이런 문구가 있다.

"진짜 좋은데 보여줄 수도 없고…."

제품을 판매하는 회사 CEO가 직접 출연해서 쑥스러워하면서 이야기하는 이 장면은 이후 많은 코미디 프로그램에서 패러디가 되어 유행어가 되었다. 사람들에게 책을 읽으라고 하면 일단 얼굴빛부터 변한다. 그리고 눈빛으로 이렇게 말한다.

'읽기가 그렇게 쉬운 줄 알아?'
'읽기가 뉘 집 애 이름인 줄 아니?'

20세기 미국 문학 최고봉의 한 사람으로 존경받는 어니스트 헤밍웨이는 여러 번의 결혼과 이혼, 전쟁 중 부상, 비행기 추락 사고, 자살로 알려진 종말까지 남들은 평생에 걸쳐 한두 번 겪을까 말까 한 일들을 겪었다. 자신의 작품 속 주인공들만큼이나 파란만장한 삶을 살다가 간 작가다. 그는 평소 어떤 상황이건 해봐야 내 안에 어떤 능력이 숨어 있는지 알 수 있다고 했다. 많은 사람이 해보지도 않고 이 일은 힘들 거다, 또는 나에게 맞지 않을 거라고 속단한다.

어쩌다 의도한 것은 아니었지만 예능, 교양, 시사, 다큐 등 장르를 초월한 다양한 프로그램을 만들었다. 시작은 예능 프로그램이었다. 몇 년이 지나자 〈호기심 천국〉, 〈전파견문록〉 등 교양과 예능을 섞은 프로그램이 유행하기 시작했고, 나 역시 유행에 밀려 이른바 '쇼양'이라고 부르는 프로그램을 맡았다.

자연스럽게 일하는 부서도 예능 제작국에서 교양 제작국으로 옮겨졌다. 당시만 해도 방송 프로그램의 숫자가 많지 않아 교양과 예능의 구분이 명확하지 않았다. 그래서 비교적 자유롭게 둘 사이를 넘나들 수 있었다. 하지만 몇몇 작가는 다른 장르로 옮겨서 생기는 몇 가지 불이익 때문에 옮기는 것을 불편해하기도 했다.

'처음'은 언제나 두렵고 힘들다. 하지만 이를 잘 극복해나가는 방법만 찾는다면 오히려 '처음'이 주는 긴장감과 설렘으로 일의 효율성뿐만 아니라 다양한 영역을 경험할 기회를 얻을 수 있다. 경험을 떠나서라도 겨우 책 두 권을 읽는 것이다. 일단 묻지도 따지지도 말고 해보자.

"에이~ 겨우 두 권만 읽어요?"
"두 권 읽는 것 너무 쉬운 거 아니에요?"
"두 권 갖고 뭐가 되겠어요?"

영어 콘텐츠 회사 '야나두'의 김민철 대표는 "운명은 정해져 있지만 그 운명을 선택하는 것은 나."라고 말했다.
수십 번의 사업 실패와 수백억 원의 빚을 지고 현재 천억 원대의 콘텐츠 회사를 이끄는 수장이 된 그는 수많은 실패 속에서 얻었던 성공 비결은 단 하나라고 했다.

"실패하면 처참해지고 확신이 없어진다. 실패와 두려움의 공포를 느낄 때 제일 먼저 양치한다. 하루 3번 3분씩! 이렇게 주변에 있는 아주 작은 것들부터 성공해본다. 성공했을 때의 그 감정은 매우 소중하다. 백 퍼센트 성공할 수 있는 일부터 하고 성공의 감정을 느낀다면 성공의 횟수를 늘려 가면 된다."

그는 이렇게 작은 성공을 차곡차곡 쌓고, 그 경험을 바탕으로 지금의 큰 성공을 이루었다고 한다. 누구나 할 수 있고, 아무나 할 수 있는 '작은 성공'으로 성공에 대한 '감', 즉, '경험'을 맛보는 것이다. 그처럼 꾸준히 두 권씩 읽다 보면 어느새 백 권을 읽고, 천 권을 읽고, 그 안에서 나만의 콘텐츠를 찾아 글을 쓰는 자신을 발견할 것이다.

콘텐츠가 되는 독서는
다릅니다

수많은 독서법이 있다. 서점에 가보면 그들이 앞다투어 내놓은 독서법 관련 서적도 넘친다. 그런데 나만의 콘텐츠를 찾아 그 것을 글로 쓰기 위해서는 조금은 다른 방법으로 책을 읽어야 한다는 것을 알게 되었다.

나의 독서법은 크게 두 가지로 나눠진다. 첫 번째는 매일 새벽에 하는 하루 20페이지 독서다. 장의 길이에 따라 20페이지 내외가 된다. 지금은 세계문학 전집 중에서 한 권을 읽고 있다. 단, 주말에는 읽지 않는다. 월요일부터 금요일까지 매일 같은 시간에 딱 이 분량의 책을 읽는다. 새벽 20페이지 책 읽기로 나는 꽤 많은 분량의 책을 읽을 수 있었다. 본격적으로 독서를 좀 해야겠다고 마음먹었을 때 제일 힘든 것이 긴 분량의 책을 읽어야 하는 것이었다. 독서를 늦게 시작한 탓에 의욕은 넘쳤지만 인내심을 요하는 긴 분량의 책을 읽어낼 정도의 열정까지는 미치지 못했다. 분량이 제법 많은 책은 때로는 넘어야 할 산이었다. 도통 무슨 말인지 이해가 되지 않을뿐더러 분량이 주는 엄청난 무게감을 감당하기 힘들었다. 하지만 그 책에서 말하는 것들이 궁금하고 읽고 싶었다. 그래서 분량이 많은 책을 읽을 때는 나름의 요령을 만들기 시작했다.

책을 한 달 분량으로 나누어보았다. 한 달, 평일은 짧게는 20일에서 23일 정도 된다. 한 책을 이 기간으로 나누니 하루 분량이 고작 20페이지에서 30페이지가 넘지 않았다. 천천히 매일 조금씩 읽으니 이해되지 않았던 부분이 차츰 이해가 되기도 하고, 책에 대한 부담감이 점차 덜어지는 것을 느꼈다. 이렇게 평일에는 주로 읽고 주말에는 그 책에서 인상 깊었던 부분을 따로 발췌하거나 단상을 쓴다.

주말에 다시 평일에 읽은 부분을 복기한다. 이렇게 읽으니 다소 긴 책이나 이해하기 난해한 책도 한 달이면 충분히 가능했다. 더불어 주말에 몰아서 발췌와 단상을 정리하니 두 번 읽는 효과를 맛볼 수 있었다.

두 번째 독서법은 목적 테마 독서다. 나는 분기나 달별로 읽어야 할 책의 주제를 잡는 편이다. 만약 이번 달에 '역사'에 대한 테마를 읽고 싶으면 도서관이나 서점을 통해 이를 다루는 다양한 책을 마음대로 모은다. 제목이 끌리는 책이어도 되고, 평소 그 분야의 유명 저자 책도 좋다. 그렇게 모아놓은 책 중에서 다시 한번 목차와 서문을 읽고, 다시 10~20권 정도로 책을 추린다. 그리고 그 책들을 집안 곳곳에 놓고 시간이 될 때마다 읽어나간다. 그때그때 내가 읽고 싶은 책에서 읽고 싶은 챕터 위주로 읽는다. 전날 이 책을 읽었다고 해서 반드시 다음 날 그 책을 읽을 필요는 없다. 한 권을 반드시 완독해야 한다는 원칙도 없다. 같은 주제의 책을 한꺼번에 읽으면 그 분야에 대한 지식이 폭발적으로 증가한다. 그리고 그날 읽은 분량이나 내용 등을 간단하게 메모하고 기록하는 것을 놓치지 않는다. 이렇게 하면 책 사이에 중복되는 부분을 나름대로 걸러서 읽을 수 있는 장점이 있고, 단기간에 같은 주제의 많은 책을 섭렵할 수 있다.

이 두 가지 독서법을 통해 나는 나만의 콘텐츠를 보다 빨리 찾을 수 있었고 내 안의 이야기를 좀 더 구체적으로 꺼내는 방법을 익힐 수 있었다. 매일 꾸준히 하는 독서로는 책이 주는 이야기와 지혜를, 목적 독서로는 다량의 정보와 지식을 양껏 충족했다.

어떤 일이건 질적인 변화를 위해서는 양적인 충족이 함께 이루어져야 한다. 이 독서법을 통해 내가 얻은 지식을 정리하고 다시 발췌와 단상을 쓰면서 보다 빨리 나만의 이야기를 구성하고 채우는 방법을 익혀나갔다.

나만의 콘텐츠를 찾기 위해 독서는 필수 요소다. 하지만 시중에 나온 베스트셀러나 유명 인사들의 추천도서, 기관의 선정도서로는 진정한 '나만의 콘텐츠'를 찾을 수 없다. 두 가지 방법의 독서를 통해 조금은 느리지만 진짜 내 안의 이야기를 어떻게 구현할지 좀 더 천천히 공부하고 꾸준히 읽어나가면, 어느 날 나만의 콘텐츠가 바로 눈앞에 나타날 것이다.

3장

어쩌면
잘 쓰게 될지도
모릅니다

당신의 인생을 기록하면
하나의 작품이 된다.

로제마리 마이어 델 올리보

글쓰기,
재미있으면 안 되겠니?

판사, 소설가, 칼럼니스트, 드라마 작가. 믿을 수 없지만 모두 한 사람의 직업이다. 현직 판사 문유석, 어떻게 이렇게 글을 쓸 수 있을까? 그가 직업적으로 그다지 도움이 될 것도 없고, 오해 받을 소지가 많은 글쓰기를 하는 이유는 자신만의 행복을 추구하는 방법이라고 한다.

누군가는 등산이 취미고, 누군가는 온라인 게임이 놀이인 것처럼 그에게는 글쓰기가 취미이자 놀이처럼 보인다. 그는 분명 읽고 쓰는 일을 좋아하는 사람이다.

대부분의 사람들은 글쓰기를 두려워한다. 호환마마보다 더 무서워한다. 강의 후 후기나 소감을 쓰라고 하면 순간 당황

하는 기색이 역력하다. 열 명 중 아홉 명은 애절한 눈빛으로 꼭 묻는다. 그냥 말로 하면 안 되느냐고. 왜 이렇게 쓰기를 두려워할까. 나 역시 불과 얼마 전까지만 해도 글쓰기가 두려웠다. 아니 정확하게 말하자면 두려움보다 더 두려운 '막막함'이었다. 하지만 시간이 지나면서 점차 글쓰기의 매력에 빠져들었고, 내 생애 최고의 유희거리가 글쓰기임을 깨달았다. 이유는 하나다. 글쓰기가 재미있고 즐겁기 때문이다.

글쓰기가 즐겁고 재미있기 위해서는 소재가 가장 중요하다. 바로 '무엇을 쓸까'다. 하루에도 수천 가지 아니 수만 가지 쓸 것이 차고 넘친다. 보고 듣고 만지고 맛보고 냄새 맡은 모든 것이 글쓰기의 훌륭한 소재가 된다. 하지만 이 모든 것을 다 쓸 수는 없다. 보았다고 해서, 들었다고 해서, 만졌다고 해서 다 글감이 되는 것은 아니다. 그렇다면 어떤 것을 써야 할까. 어떤 것을 써야 글쓰기가 두렵지 않고 즐거운 그것이 될 수 있을까?

바로 자신이 가장 좋아하는 것을 쓰면 된다. 사람은 누구나 인생에서 한두 개쯤 좋아하는 것이 있다. 누구든 그것에 대해서 이야기하라고 하면 3박 4일도 모자란다. 말 없는 사춘기 아들 녀석도 좋아하는 축구 선수에 대해서 이야기하라고 하면 그 자리에서 줄줄 줄이다.

그뿐만 아니라 가수, 노래, 물건, 음식 등 좋아하는 것은 무궁무진하다. 이것을 하나 잡고 쓰기 시작하자. 그것을 왜 좋아하는지, 언제부터 좋아했는지, 좋아하면서 무슨 경험을 했는지 등 다양한 이야기를 써보자. 장점만 쓰면 너무 없어 보이니 살짝 '아쉬운 부분'도 함께 넣어주자. 그럼 더할 나위 없이 균형 잡힌 글이 된다. 그다음 그것을 처음 만났을 때의 인상, 느낌, 상황을 일화로 넣어준다. 내가 겪었던 경험이 들어가니 이야기가 더욱 풍성해지고, 읽는 이가 공감할 수 있게 된다. 더 설득력 있고 맛깔나게 전개된다. 글쓰기가 즐겁고 재미있는 방법, 바로 자신이 좋아하는 소재를 가장 먼저 써보는 것이다.

구성작가가 되기 위해 대학교 4학년 때 아카데미에 다녔다. 당시만 해도 아카데미는 방송하고 싶은 사람들의 모임터였다. 지금처럼 SNS가 활발하지 않았던 90년대는 같은 관심사를 가진 사람을 만나기란 쉽지 않았다. 기껏해야 학교 동아리가 전부였다. 전공이 '신문방송학'이 아니었던 나는 4학년이 되자 마음이 급했다. 수소문 끝에 아카데미에 가면 방송 관련 업무를 배울 수 있다는 고급 정보를 수집하고 이내 등록했다. 그곳에서는 피디, 작가, 아나운서, 리포터, 카메라 감독 등 다양한 분야로 진출하고 싶은 지망생이 모여 공부하고 이후 과정별 협업을 통해 영상물을 만들어냈다.

첫 시간은 라디오 프로그램 〈싱글벙글쇼〉 작가의 수업이었다. 구성작가가 하는 업무에 관한 일과 용어 설명 등이 이어졌다. 그리고 수업이 끝날 즈음 과제를 내주었다.

'가장 좋아하는 프로그램 베껴 쓰기.'

'베껴 쓰기.' 한때 내가 빠졌던 신경숙 작가는 박완서 작가의 작품 그리고 《태백산맥》, 《토지》 등을 사정없이 손으로 베껴 쓰기로 유명했다. 하지만 난 '베껴 쓰기'라는 말보다 '가장 좋아하는 프로그램'에 이끌려 그만 겁도 없이 당시 가장 좋아하던 라디오 프로그램 〈별이 빛나는 밤에〉를 선택하고 말았다. 게다가 필사하려고 했던 날은 게스트가 출연해서 사연을 읽어주는 날이었다. 2시간가량의 라디오 프로그램을 받아 적느라 일주일을 전부 쏟고 말았다. 멘트를 분초 단위까지 모두 기록하면서 써야 해서 요즘 유행하는 소설이나 비문학 도서 필사하고는 차원이 달랐다.

하지만 결과는 대만족이었다. 프로그램이 어떻게 구성되는지, 오프닝 멘트는 어떻게 시작해야 하고, 마무리는 어떻게 해야 하는지, 중간 브리지(프로그램 사이에 나오는 음악, 해설, 대화) 원고는 몇 분쯤에 나와야 하는지 기타 등등이 한눈에 들어왔다. 힘들었지만 멘트 하나하나를 그저 따라 쓰기만 했을 뿐인데 얼은 성과는 놀라웠다.

나는 지금도 드라마 대사를 필사한다. 특히 노희경 작가의 작품은 지금껏 글쓰기의 원천이 되고 있다.

블로그 초창기에 매일 아침 노희경 작가의 드라마 대사를 필사해서 올리고 나의 생각을 적었다. 이것을 보고 노희경 작가의 팬뿐만 아니라 글쓰기에 관심이 있는 블로그 이웃들은 따라 하기 시작했다.

"드라마 보는 것이 글쓰기 공부가 된다니 재미있습니다."
"좋은 방법이다. 드라마를 제대로 보게 되었다."
"드라마 필사로 내 생각을 정리할 수 있다니 놀랍다."
"드라마 필사로 글을 쓰니 제 생각이 술술 나오네요. 놀라운 경험입니다."

글쓰기가 막연하고 두려웠던 사람들에게 드라마 대사 필사는 새로운 글쓰기의 재미를 느낄 수 있는 중요한 방법이 되었다.

드라마 필사로 생각을 정리하는 방법은 나의 오래된 글쓰기 훈련법 중 하나다. 필사의 목적과 이유는 다양하다. 누구는 문장을 잘 쓰기 위해, 누구는 좋은 문장을 마음에 새기기 위해 필사한다. 손으로 필사하면서 그 문장의 의미를 되새기기도 하고, 따라 쓰면서 작가가 된 것처럼 쓰려고 한다.

문장을 잘 쓰기 위한 연습도 중요하다. 하지만 나는 무엇보다 자신의 생각을 정리할 수 있는 방법으로 드라마 대사 필사를 강력하게 추천한다.

매일매일 글을 쓰다 보면 어느 순간 글감이 떨어지거나 무엇을 써야 할지 곤궁해지는 때가 반드시 온다. 글이란 것은 나만의 생각을 정리하는 가장 중요한 수단이다. 생각 정리가 쉽게 되는 사람도 많지만 대부분은 생각을 끄집어내는 데 하루, 그것을 정리하는 데 하루, 이렇게 많은 시간을 정리하는 데만 쓴다. 글을 쓰겠다고 마음먹고 시작도 못 하는 대부분 이유가 생각이 제대로 정리되지 않았기 때문일 것이다.

하지만 베껴 쓰다 보면 생각을 보다 정교하고 치밀하게 정리할 수 있다. 특히 드라마 필사의 경우 드라마와 같은 상황을 느낄 수 있어서 몰입하기 더없이 좋다. 좋은 문장이나 드라마, 영화 속 명대사 받아쓰기는 아주 훌륭한 글감이자 생각의 시초가 되는 좋은 방법이다. 더불어 자신의 생각을 보다 견고하게 정리해주는 그릇이다.

나에게 노희경 드라마는 그런 존재다. 글쓰기에 지쳐 있을 때 새로운 자극을 주는 채찍질이기도 하고, 생각을 정리하게 해주는 그것이기도 하다. 글을 쓰다가 지치고 힘들 때 잠시 다른 작가의 좋은 문장에 기대어보는 것은 어떨까. 내가 좋아하는 작가의 드라마, 영화라면 금상첨화가 아닐까 싶다. 이 방법은 글쓰기를 재미있고 즐겁게 할 뿐만 아니라 매일 쓰는 습관까지 들이는 아주 좋은 방법이다.

글쓰기를 재미있고 즐겁게 하기 위해서는 '첫 문장의 두려움을 조금은 피해 보는 것'이다. "피할 수 없으면 즐겨라."라는 말이 있다. 사람들이 글쓰기를 시작하기도 전에 포기하는 절대적인 이유는 '첫 문장' 때문이다. 컴퓨터 모니터를 켜놓고 깜빡거리는 커서만 2박 3일 동안 째려보는 사람도 많다. 그만큼 첫 문장은 어렵고 힘들다. 하지만 첫 문장을 써야 다음 문장을 쓸 수 있다. 그렇다면 첫 문장을 좀 더 쉽게 쓸 방법은 없을까.

첫 문장을 우리 주변에서 흔히 볼 수 있는 드라마나 TV, 영화 등에서 따와서 써보자. 오늘 봤던 드라마의 명대사, 뉴스의 한 장면, 영화 속 주인공의 표정 등으로 시작해보자. 이 방법은 꽤 효과적이다. 영상은 종합예술이기에 글로 된 책보다 우리에게 훨씬 더 많은 영감을 떠올리게 한다. 내가 쓰고 싶은 것,

내가 생각했던 것을 보다 명료하게 만들어주는 도구다. 영상 매체를 그저 보기만 하는 소비자에 그칠 것이 아니라 내 이야기를, 내 생각을 전개하는 하나의 요소이자 방법으로 바꿔본다면 더없이 훌륭한 소재가 된다.

영상 매체가 불편하거나 친숙하지 않은 사람은 책이나 잡지, 다른 사람이 쓴 글에서 힌트를 얻으면 된다. 책에서 밑줄을 그은 인상 깊었던 구절이나 장면, 마음을 울렸던 글은 생각을 끌어내는 좋은 촉매제다.

이 두 가지 방법만 적절히 이용해도 글쓰기, 더 이상 어렵고 힘들고 두려운 존재가 아닐 것이다.

거듭 이야기하지만 어렵다고 피하는 것이 아니라 즐길 수 있는 새로운 대안이나 방법을 찾아보자. 생각만 조금 바꾸면 재미있고 즐겁게 글을 쓸 방법은 널렸다. 읽은 문장을, 들은 문장을 한번 따라 써보면 된다. 지금 당장 시작해보자.

노희경 작가가 이렇게 말했다.

"간절하면 지금 움직이세요."

글쓰기에 딱 좋은
환경 만들기

'글'이란 참 나쁘다. 첫사랑의 그놈처럼 어떤 날은 부르지도 않았는데 찾아오기도 하고, 어떤 날은 아무리 애타게 불러도 오지 않는다. 그런데 글쓰기의 대가들은 한결같이 이렇게 말한다. "매일 써야 한다." "습관처럼 써야 한다." 모르고 있지 않다. 잘 알고 있다. 하지만 아무리 애를 써도 '술술 습관처럼 써지지 않는다.'

유명 자기계발서에는 매일 무언가 습관처럼 하기 위해서는 '루틴'이라는 것을 만들어야 한다고 한다. '루틴'의 사전적 의미는 특정한 작업을 실행하기 위한, 일련의 명령, 프로그램의 일부 혹은 전부를 이르는 말이다. 이 말에서 특정한 작업을 '글쓰기'로 바꿔보는 것은 어떨까?

글쓰기를 부르는 시간

'글쓰기를 실행하기 위한 일련의 명령, 프로그램.' 글쓰기를 실천하지 못하는 가장 흔한 이유와 핑계로 '시간과 공간'이 없어서라고 한다. '글 쓸 시간'이 없고, 집중할 수 있는 '공간'이 없다는 것이다. 아이를 키우다 보니 어쩔 수 없이 '아침형 인간'이 되었다.

예전에는 밤늦게까지 무언가를 하고 새벽이 되어야 잠이 드는, 그런 사람이었다. 하지만 아이가 태어나고, 생활 패턴이 완전히 바뀌었다. 내 뱃속으로 낳은 아이가 이른바 '아침형 인간'이었다. 아이는 아무리 늦게 자도 아침 7~8시면 벌떡 일어나 온 집안을 돌아다녔다. 아이보다 일찍 일어나야 하는 것이 엄마의 노릇이요, 의무다 보니 자연스럽게 새벽 일찍 일어나게 되었다. 학교에 다니고부터는 이른 등교 시간을 맞추다 보니 더 일찍 일어나야 했다. 그래야 아이가 먹을 아침밥을 준비하고, 등교 준비를 도와줄 수 있었다. 생전 아침 일찍 일어나는 일이 열 손가락을 꼽을 정도로 야간형 인간이었던 나에게 이른 아침 시간은 눈도 떠지지 않는 고행의 시간이었다. 결혼하고 유일무이하게 좋았던 일은 마음껏 심야 영화를 볼 수 있다는 것이었는데 말이다.

그런데 지금 나는 새벽 기상을 몇 년째 하고 있다. 이 시간이야말로 '글쓰기에 가장 좋은 시간'이고, 누구에게도 방해받지 않는 '절대 시간'이기 때문이다. 글을 쓰기 위해서는 오로지 나에게 집중할 수 있는 '절대 시간'이 필요하다. 카톡도, 가족도 그 누구에게도 방해받지 않을 시간 말이다.

모두에게 새벽에 글을 쓰라고 하는 것은 아니다. 자신에게 딱 맞는 시간이 있을 것이다. 누구는 오후일 수도 있고, 누구는 늦은 밤일 수도 있다. 글을 쓰기로 마음먹었다면 자신만의 '절대 시간' 파악은 매우 중요하다. 나는 새벽에 일어나 필사하거나 책을 읽으며 오늘의 글감을 정리한 후, 아이를 챙기고 집안일을 한다. 필사하며 정리한 단상을 바탕으로 늦어도 오전 10시 무렵에는 본격적인 글쓰기에 돌입하려고 애쓴다.

나는 이 '절대 시간'을 찾고자 여러 시간에 도전해보았다. 사람마다 글이 잘 써지는 '절대 시간'은 다르다. '아침형 인간'이 유행이라고 해서 꼭 그 시간에 해야 할 이유는 없다. 자신만의 '절대 시간'을 찾아보고, 나처럼 여러 시간대를 해보면서 좋은 시간을 찾는 방법을 강력하게 권한다.

글쓰기가 '업'이 아닌 사람은 특히 이 시간 확보가 무엇보다 중요하다. 정확한 시간 루틴을 정해두지 않으면 그날 기분에 따라 또는 변수나 상황에 따라, 쓰는 날 안 쓰는 날이 생긴다. 그렇게 되면 글쓰기 습관은 당연히 만들 수 없다. 나라는 사람을 자세하게 들여다보고 어떤 시간에 집중을 잘하는지, 누구의 방해도 받지 않는 시간은 언제인지 파악해보자. 그러면 글쓰기가 몸에 잘 맞는 '슈트'처럼 착 달라붙는 그날이 올 것이다.

일단 나를 잘 파악하자. 정확히 말하면 '나의 시간'을 제대로 파악해보자. 눈을 뜬 때부터 잠들 때까지 시간대별로 스케줄을 한번 정리해보자. 24시간 중 하루 10분 정도는 분명히 있을 것이다. 그 시간에 매일 하루 세 줄이라도 써보자. 그게 시작이다.

시간을 지배하는 자만이 글쓰기를 잘할 수 있다

운동 방법 중에 인터벌 트레이닝이라는 훈련법이 있다. 높은 강도의 운동 사이에 불완전한 휴식을 넣어 일련의 운동을 반복하는 신체 훈련 방법의 하나다. 인터벌 연습법, 이른바 구간 훈련이라고도 부르는 이 운동법은 기초 체력을 향상해주는 종목뿐만 아니라 축구, 달리기, 농구 등 다양한 구기 종목의 기본 훈련법으로 널리 알려졌다.

글쓰기와 책 읽기도 마찬가지다. 시간이 많다고 해서 많이 쓰는 것도 잘 쓰는 것도 아니다. 짧은 시간에 집중해서 쓰면 더 잘 쓰는 경우도 많다. 아무리 좋아하는 일이지만 시간이 많으면 사람은 늘어지게 되어 있다. 마감이 있는 작가나 기자가 된 것처럼 일정한 시간만 딱 집중해서 글을 보자. 예를 들어 딱 30분만, 매일 아침 7~8시 한 시간 동안만 집중 쓰기 훈련을 해보자. 의외로 효과가 좋다. 그 시간에 온 신경을 집중해서 쓰거나 읽은 후 푹 쉬자. 그렇게 몇 번 반복하다 보면 어느새 글 쓰고 책 읽는 몸이 만들어진다.

글쓰기를 부르는 공간은 따로 있다

세계적인 베스트셀러 작가 무라카미 하루키는 글을 쓰기 위한 '작업실'이 따로 있지만 그곳에서만 쓰지 않는다. 집이며 카페, 도서관, 여행지 등등 그가 쓰고자 한다면 그곳이 글 쓰는 공간이자 작업실이라고 한다. 부럽다. 평범하기 그지없고, 글을 쓴 지 얼마 되지 않은 나 같은 사람에게는 꿈같은 이야기다.

나는 글이 잘 써지는 공간을 찾아 마치 하이에나처럼 이곳저곳을 돌아다녔다. 처음에는 살고 있는 아파트 내 도서관을 이용했다. 이곳은 인터넷은 물론 시원하고 쾌적한 환경으로 글쓰기에 더없이 좋은 장소였다. 하지만 이내 이곳에서 글쓰기를 포기해야만 했다. 아들 녀석이 중학생이 되자 이곳에서 공부하게 되었고, 아들 친구들도 쏟아져 들어오는 통에 글에 집중할수 없었다. 게다가 틈만 나면 집에 가고 싶은 생각이 들었기 때문이다. 가스 불은 제대로 잠그고 왔는지, 기다리는 택배가 온건 아닌지 별것도 아닌 이유를 만들고 붙여 집으로 가려고만했다.

두 번째로 찾은 곳은 동네 도서관이었다. 요즘에는 도서관이 잘 되어 있어서 노트북 전용 열람실이 따로 있다. 하지만이곳도 한두 번 정도만 가보았다. 이유는 글이 써지지 않을 때머리를 식히고자 찾은 열람실에서 종일 책을 보는 경우가 많아지고, 급기야 한 줄도 못 쓰고 책만 읽다가 나오는 일도 허다했기 때문이다.

다음에는 스터디 카페를 찾았다. 일정한 금액을 지불하면쾌적한 환경에서 커피나 간단한 음료까지 무한 리필 되는 그곳은 요즘 대학생에게뿐만 아니라 중고등학생에게까지 인기 있는 장소다. 하지만 이곳 역시 몇 번 가다가 더 이상 가지 않는다. 상당한 비용이 나름 부담스럽기도 했고, 본전 생각에 자꾸무언가 쥐어짜는 나를 발견했기 때문이다.

이렇게 여러 장소를 전전긍긍하다 정착한 곳은 일명 '별다방'으로 불리는 프랜차이즈 카페다. 사실 커피숍 여러 곳을 다녔지만 이곳만큼 집중이 잘 되는 곳은 없다. 별다방은 노트북으로 글을 쓰는 내 작업 환경을 충족해준다. 콘센트가 다른 카페에 비해 많이 비치되어 있고, 관련 자료를 찾기 위해 필요한 와이파이까지 빵빵하게 연결된다. 게다가 나처럼 혼자 글을 쓰거나 일하는 사람의 수가 절대적으로 많다. 이는 은근 큰 힘이 된다. 글을 쓰다 보면 살짝 기운이 빠지는 순간이 온다. 그럴 때 주변을 돌아보면 나처럼 노트북을 열심히 두드리는 사람들이 눈에 보인다. 그럼 다시 기운을 차리고 노트북을 째려본다.

그리고 별다방이 좋은 결정적인 이유는 음악이 귀에 거슬리지 않는다. 다른 프랜차이즈 카페의 경우 음악이 시끄럽거나 귀에 꽂히는 때가 많아서 글을 쓸 때 초집중하는 나에게는 적합하지 않다. 내 귀는 예민한 편이다. 소위 말하는 잠귀도 밝아서 매일 늦게 귀가하는 남편의 문소리도 다 들을 정도다. 사정이 이렇다 보니 카페 음악도 글쓰기 루틴을 만드는 데 큰 영향을 미친다.

사람마다 집중이 잘되는 공간이 따로 있다. 누군가는 도서관일 수도 있고, 누군가는 집일 수도 있다. 내가 아는 작가 중

한 명은 집필에 들어가면 아예 집 근처 오피스텔을 월세로 얻어서 그곳에 매일 출근하며 글을 쓴다고 한다. 사람들은 말한다. 멀쩡한 집 놔두고 '커피값'에 '월세'까지 뭐 그리 유세냐고. 하지만 한 집안의 엄마이자 아내 역할을 겸업하는 나 같은 글쟁이에게 '글 쓰는 공간'의 힘은 어마어마하다. 그녀 역시 집안일과 아이를 챙겨야 하는 시간에는 집으로 돌아와야 하고, 눈앞에 쌓인 집안일을 보면 당최 글에 집중할 수가 없어서 일부러 오피스텔에서 글을 쓴다. 그 심정 충분히 이해 간다. 나 역시 초반에 집에서 글을 쓰다가 같은 일을 반복했던 날이 수없이 많았다.

그녀는 얼마 전까지 드라마 작가를 준비하다 작년부터 웹소설로 전향했다. 웹소설이 공개되자마자 엄청난 조회 수를 달하며 매주 새로운 글을 마구 쏟아내고 있다. 낮 동안 어떤 소음도 들리지 않는 오피스텔의 한가함과 그야말로 아무것도 없는 인테리어 덕분일까. 아니면 월세의 효과일까.

사람에게 공간이 주는 힘은 매우 크다. 공간이 그 사람을 만든다고 해도 과언이 아니다. 공간에 따라 어떻게 행동해야 하고, 무엇을 해야 하는지 명확하게 구분된다. 글쓰기를 부르는 나만의 공간은 어디에 있을까? 오늘부터 주변을 잘 살펴보자. 도서관도 좋고, 카페도 좋다. 내 마음에 드는 장소에서 나만의 글쓰기에 몰입해보자. 공간이 부르는 글쓰기 힘을 믿어라. 한 장소를 고집할 필요도 없다.

지인은 만 보 걷기와 글쓰기, 독서를 병행하고 있다. 집을 중심으로 독립 서점이나 책방을 검색하고 그곳까지 도보로 다니면서 글을 쓰고 책을 읽는다. 매일 새로운 서점을 찾는 즐거움도 만만치 않다고 한다. 글쓰기와 독서, 지루하고 단조로운 일일 수 있다. 그때 장소에 변화를 줌으로써 글쓰기에 더욱 활력을 불어넣으면 어떨까.

새로운 장소는 새로운 영감을 준다. '오늘은 어떤 카페를 갈까?' 고민하면서 막혔던 글쓰기의 단초가 풀리는 경우도 있다.

나는 글을 잘 쓰기 위해서는 많이 돌아다니라고 조언한다. 서울에서 유명하다는 카페나 장소를 두루두루 다녀보면서 최신 유행 트렌드를 익히기도 하고, 새로운 장소가 주는 짜릿한 흥분감도 느껴보길 바란다. 매번 똑같은 장소에서 똑같은 커피를 마시면서 글쓰기에 몰두하는 타입도 있다. 하지만 이렇게 변화를 주면서 글쓰기에 활력을 불어넣는 방법도 신선하고 재미있다. 어떤 것이 맞다 틀리다 할 수 없다. 다양한 방법을 시도해보고, 나에게 맞는 방법을 찾아갔으면 한다. 이유는 독서와 글쓰기는 오래, 꾸준히, 매일 해야 하기 때문이다. 재미있고 즐겁게 하려면 쉽고 재미있게 접근해야 한다. 장소는 지루한 글쓰기에 활력과 재미를 주는 중요한 '장치'다.

쉽고 재미있는
글쓰기의 참견

글쓰기의 참견 1

하루 10분 타이머를 맞춰두고 글을 써라

핸드폰, 노트북, 태블릿 PC 등 마음만 먹으면 언제 어디서나 쓸 수 있는 게 글이다. 더 이상 쓸 공간이 없다는 핑계는 이유가 되지 않는다. 글쓰기의 관건은 얼마나, 오래, 꾸준히 하느냐다. 오래, 꾸준히, 길게 하기 위해서는 무엇보다 방법이 쉽고 간단하며 시간을 많이 투자해서는 안 된다. 그래야 습관이 된다.

매년 1월 도전하지만 실패하는 인생 3대 비극, 다이어트, 독서, 영어 공부. '인생 4대' 비극이 있다면 아마 여기에 '글쓰기'가 들어가지 않을까 싶다. 잘 생각해보면 우리는 철이 들고 나서부터 3가지 '비극'을 극복하기 위해 총력전을 다했다.

그런데 요즘 이 인생 3대 비극을 하나둘씩 극복한 사람들이 등장하고 있다. 유튜브나 블로그에 보면 그들은 매일 어떻게 이 '비극'을 '희극'으로 바꾸었는지 아주 자세하게 기록해놓았다. 그것을 자세히 살펴보면 한 가지 눈에 띄는 방법이 있다. 바로 아주 쉽다는 것이다.

그들은 비극을 희극으로 극복하고자 아주 짧은 시간을 '매일' 했다. 방법은 '하루 10분, 뱃살 빼기 운동', '하루 여섯 문장 외우기', '하루 10분 책 읽기'다.

글쓰기도 마찬가지다. 매일 하루 10분, 핸드폰을 이용해서 여섯 문장씩만 써본다고 생각하자. 이것이 힘들면 딱 10분만 쓰는 시간을 가져보자. 그렇게 쉽고 간단하게 매일 하다 보면 어느 날, A4 두세 장은 거뜬히 쓰는 자신을 발견할 것이다.

무조건 쉬워야 한다. 그래야 오래, 지속적으로, 매일, 평생 하기 때문이다. 그래야 글쓰기가 즐겁고 쉽다.

가장 좋아하는 것부터 써라

보통 강의할 때 글쓰기 이론 수업을 끝내면 본격적인 쓰기 수업에 들어간다. 이때 가장 반응이 좋은 글쓰기 주제는 바로 '내가 가장 좋아하는 것'에 대해 쓰기다. 사람들은 글쓰기를 시작하면 으레 가장 힘들고 어려웠을 때를 쓰고 싶어 한다. 인간이 응어리진 감정이나 상황을 글로 해소하려는 마음을 이해하지 못하는 것은 아니다. 하지만 첫 글쓰기를 이렇게 힘든 주제로 쓰기 시작하면 금방 흥미를 잃는다. 이유는 간단하다. 처음 글을 쓰면 당연히 글쓰기 실력이 형편없을 뿐만 아니라 마음에 들지도 않는다. 그런데 가장 어렵고 힘든 주제의 글이나 경험 등을 쓰면 그때의 일들을 떠올려야 하고, 그것이 제대로 표현되지도 않기 때문에 나는 안 되나 보다, 이게 아닌데 식의 후회 어린 탄식을 쏟아낸다.

살면서 겪는 힘든 우여곡절을 글쓰기로 해소하거나 정리하는 것은 좋은 방법이다. 단지 처음부터 꺼내기 힘들고 아픈 주제로 접근하는 글쓰기를 하기보다는 내가 '좋아하고' '즐겁고' '잘 아는' 분야의 글을 써서 재미와 흥미, 완성도를 높인 다음 힘들었던 이야기를 쓰면 어떨까 한다.

오감을 자극해라

글쓰기가 가장 필요한 덕목은 뭘까? 난 무엇보다도 어떤 상황이나 감정에 대한 예민한 정보 수집이라고 생각한다. 이렇게 예민한 정보를 습득하기 위해서는 나의 오감이 얼마나 잘 움직이는지 살펴야 한다. 이른바 '오감, 너 잘 움직이는 거니?' 프로젝트다. 처음 수강생들에게 이 방법을 알려주었을 때 나에게 쏟아졌던 이상한 눈빛을 잊을 수 없다. 인간은 자신이 편한 방식으로 생각하고 느끼는 습성이 있다. 어쩔 수 없는 습성 중 하나다. 오른손을 자주 쓰는 것이 그렇고, 처음 갔던 길로만 가는 경우도 마찬가지다.

그런데 글을 쓰기 위해서는 안 가본 길도 가보고, 평생 쓰지 않던 왼손으로 글씨도 써보고, 그림도 그려봐야 한다. 좀 다르게 생각하고, 다양한 방식으로 느껴야 한다는 것이다.

방법은 이렇다. 일주일에서 한 달간 자신이 하루에 보고 듣고 맡고 만지고 맛봤던 것을 오감으로 나누어서 기록해보는 방법이다. 일주일 정도 하면 내가 어떤 감각을 통해서만 정보를 습득하는지 알게 된다. 본 것을 더 오래 기억하고 집중하는 사람, 남들의 이야기나 노래를 더 잘 듣는 사람 등 사람마다 다 다르다. 한 2~3주 정도 기록하면 그동안 놓치고 살았던 정보와 감정이 얼마나 많았는지 알 수 있다. 오감을 통해서 들어오는 다양한 감정을, 한순간도 놓치지 말자.

목록을 만들자

글쓰기를 잘하고 싶은 사람이 많다. 얼마나 즐겁고 행복한 일인지 모르겠다. 글쓰기를 향한 불타는 열정을 볼 때마다 나 역시 함께 가슴이 뛴다. 그러나 수업 첫 2~3주에 보였던 열정은 4주가 넘어가고, 5주 정도 접어들면서 살짝 사그라들기 시작한다. 사실 글을 쓰면 좋은 점을 일일이 열거했지만 막상 큰돈을 버는 것도 아니고, 많은 이에게 인정을 받는 것도 아니기에 글쓰기를 지속적으로 오래 하기란 쉽지 않다.

오랫동안 이런 과정이 반복되지 않기 위해서 개발한 방법이 하나 있다. 바로 목록을 만드는 것이다. 목록 없이 내 이야기를 그때그때 떠오르는 영감을 쓸 수도 있다. 이 과정도 필요하다. 하지만 일정한 시간 글을 써 내려갔다면 다음은 진정 내가 쓰고 싶은 주제나 글에 대한 목록 만들기를 강력하게 추천한다.

목록을 써나가다 보면 내가 진짜 쓰고 싶고, 하고 싶은 이야기가 무엇인지 알게 된다. 그리고 일정한 기간을 두고 이것들을 하나씩 완성해나간다. 그럼 어느새 이 목록들은 언젠가 반드시 내고 싶은 내 인생 첫 책의 목차가 될 것이다.

어른의 성장은 기록이고, 기록의 완성은 정리다. 쓰고 싶은 글 목록을 정리하는 것만으로도 어쩌면 당신은 작가의 첫걸음을 내딛는 것일 수도 있다.

글쓰기의 참견 5

키워드로 글을 써라

글쓰기는 결국 자신의 생각을 정리하는 일이다. 내 글을 읽는 사람들이 얼마나 나의 생각을 잘 이해할 수 있도록 썼느냐가 관건이다. 이를 위해 우선 해야 할 일은 내가 쓰고자 하는 글의 키워드는 과연 무엇인지 생각해야 한다.

사람들은 의외로 글을 쓸 때 쓰고자 하는 내용에 대해서는 생각하지만 어떤 메시지와 주제에 대해서 쓰느냐는 생각하지 않는다. 글을 쓸 때 반드시 글 제목이나 도입부에 지금 쓰고자 하는 이야기의 주제나 메시지를 간단하게 메모하자. 그리고 글이 다 마무리되면 과연 키워드를 글 안에 잘 녹여냈는지 살핀다. 혹시 정리되지 않은 표현을 남발하지 않았는지, 키워드와 전혀 상관없는 예시를 나열하지 않았는지 반드시 점검해야 한다. 첫 문장을 쓰기 전에 반드시 키워드를 기록해두자.

첫 3문장에 끝내자

콘텐츠 크리에이터 과정 중 한 수강생이 질문한다. 블로그에 글을 쓰고 있는데 너무 글이 많아서 이웃이 잘 늘지 않는 것 같다고. 평소 글을 그리 길게 쓰지 않는 학생이라 얼마나 길게 썼는지 보고자 블로그에 들어가 보았다. 정말 놀라움을 금할 수 없었다. 거의 삼십여 줄 정도 쓴 글을 가지고 길게 썼다는 것이다. 그런데 한편으로는 자신조차 그렇게 긴 글을 잘 읽지 않는다고 항변하는 것을 보니 그리 틀린 말은 아닌 듯싶었다. 진짜 사람들이 글을 잘 읽지 않는 것은 맞다.

학창 시절 학교에서 우리는 글을 쓸 때 처음-중간-끝의 3단 구성이나 기-승-전-결의 4단 구성으로 써 내려가야 한다고 배웠다. 하지만 요즘에도 이런 글쓰기 공식이 통할까? 나는 아니라고 생각한다. 삼십 줄도 안 되는 짧은 글조차 읽기 버거워하는 현대인에게 이런 글 전개 방식은 분노를 부를 수도 있다.

요즘 글쓰기는 달라야 한다. 첫 세 문장에 내가 말하고 싶은 메시지를 강력하게 담아내야 한다. 그래야 읽고, 그래야 읽힌다. 그러기 위해 첫 세 문장은 가장 신경 써야 한다. 글의 내용 중 가장 재미있는 문장이나 하고자 하는 주제를 고스란히 첫 세 문장에 담아내자. 그럼 훨씬 더 당신의 글이 좋아질 것이다.

글쓰기의 참견 7

○○에게 ○○이란

방송 작가로 오래 생활하다 보니 버릇처럼 몸에 밴 습관이 있다. 어떤 사물이나 상황을 좀 더 재미있고 신나게 또 다르게 만들어볼까 하는 생각을 멈추지 않는다. 그래서 글쓰기 역시 괴롭고 두렵고 힘든 것이 아니고, 즐겁고 신나고 재미있는 그것이었으면 했다. 글을 쓰면 그동안 알지 못하는 자신만의 장점도 발견하고, 조각난 생각도 하나씩 맞추고, 모호했던 마음도 차분히 정리하는 등 좋은 점이 많다. 하지만 곳곳에서 만난 사람들은 한결같이 글을 쓰자고 하면 고개를 절레절레 흔든다. 글쓰기가 우리에게 주는 압박이 얼마나 큰지 감히 짐작이 간다.

여기서 나만의 즐겁고 재미있는 글쓰기 비법 중 하나를 공개하겠다. 바로 정의 내리기다. 예능 프로그램에 자주 등장하는 멘트가 있다.

○○에게 ○○이란?

정말 별거 아닌 이 한 줄이 나에게 글을 쓰게 하는 또 하나의 용기가 되어주었다.

나에게 '가족'이란?
나에게 '비'란?

이런 식으로 다양한 개념에 대한 나만의 생각을 정리하고, 그것을 토대로 그렇게 생각하는 이유와 특별한 경험, 혹은 에피소드를 넣어보자. 꽤 근사한 글 한 편이 된다.

예를 들어,

'나에게 가족이란'

이 문장을 나만의 제목으로 세우고

'나에게 가족은 커피다'

라고 정의한 후 그 이유를 열거하면 된다.

'커피는 나에게 정신을 맑게 해주기도 하지만 많이 마시면 속이 쓰

리기도 하고, 머리가 아프기도 하다. 가족은 나에게 그런 존재다.'

이렇게 생각하게 된 계기나 경험을 넣는다. 이런 식으로 정리하면 된다. 쉽지 않은가. 이렇게 한 개씩 개념을 정리하고 에피소드를 넣는 연습을 하다 보면 자신만의 글쓰기에 자신이 붙는다. 그리고 생각도 자연스럽게 정리된다.

글은 쓰지 않으면 결코 정리되지 않는다. 쓰면 쓸수록 명료해지고 정확해지며 단단해지는 것, 그것이 바로 글쓰기다. 그러므로 글쓰기는 후천적인 노력으로 얼마든지 좋아질 가능성이 가장 높은 공부다.

글쓰기의 참견 8

퇴고의 잔기술을 부리자

글쓰기의 시작과 끝은 수정과 퇴고다. 세계적인 문호 헤밍웨이도 토할 때까지 쓰고 고치라고 했다. 글쓰기 수업의 꽃은 자신이 쓴 글을 나누는 합평 시간이다. 나는 이 시간을 통해 정말 많은 사람이 글쓰기에 자신감을 얻고, 상처를 치유하고, 집 나간 자존감을 회복하는 모습을 여러 차례 눈으로 확인했다. 지적과 비난이 난무하는 합평이 아닌 칭찬을 받고 자신만의 장점과 강점을 찾으면서, 자신을 숨기기에 바빴던 사람의 눈과 얼굴이 밝아지는 것을 직접 목격했다.

그러나 좋은 글은 합평에서 끝나서는 안 된다. 반드시 장점과 강점을 찾아주되 마지막 보충과 첨언을 통해 몸에 밴 나쁜 글쓰기 습관이나 잘못된 부분을 살짝 건드려주어야 한다. 그래야 어제보다 더 나은 글을 쓸 수 있다. 이때 몇 가지 원칙이 있다.

합평은 구체적인 칭찬으로 시작한다. 칭찬이라고 해서 그저 '너무 잘 썼다', '잘 표현한 것 같다' 등의 두루뭉술한 말을 연발해서는 안 된다. 정확하게 어떤 표현이 인상적이었고, 글쓴이가 드러내고자 하는 주제나 메시지가 글에 잘 나타났는지 명확하게 알려주어야 한다. 그래야 '제대로 된 칭찬'이다.

제대로 된 합평 방법은 첫째, 인상 깊거나 잘 된 표현과 문장을 정확하게 짚어준다. 둘째, 글을 합평하기 전 글쓴이는 어떤 의도와 주제를 담아내려고 했는지 반드시 밝히고 낭독한다. 셋째, 칭찬한 후에는 '조금 더 보탰으면', '보충했으면' 혹은 '첨언하자면'이라는 말로 아쉬운 표현이나 글에 대해 반드시 이야기를 나눈다.

글쓴이는 낭독을 통해 글에서 어디가 잘못되고, 오류가 났는지 살필 수 있다. 자신의 글을 소리 내어서 읽는 것만으로도 퇴고의 80퍼센트 이상은 한 것이다. 특히 자신의 글을 낭독하고 이를 녹음해보면 그 효과는 200퍼센트다. 강력하게 추천하는 방법 중 하나다. 더불어 모인 사람들은 글쓴이가 처음 발언했던 글에서 담고자 했던 주제나 메시지를 기억하면서, 그 부분이 잘 드러났는지 염두에 두고 함께 읽는다. 이런 과정을 거치면 웬만해서는 글을 못 쓸 수 없다.

글을 쓰다 보면
살짝 정체기가 올 때도 있다.
그런데 글쓰기는
거짓말하지 않는다.
꾸준히 하다 보면
반드시 어제보다 더 나은 글을
오늘 쓸 수 있다.

그러니 매일 조금씩 읽고 쓰자.

그래도 여전히
글쓰기가 두려운
그대에게

한 책방에서 글쓰기 관련 주제로 강의했다. 몸이 아파 오랫동안 학교에 다니지 못하는 10대부터 삶에 대한 질문이 가득한 20대, 육아와 일 사이에서 전쟁 같은 하루하루를 보내는 30대, 고된 항암 치료를 마치고 이제 제2의 생을 사는 50대까지 다양한 사람과 함께했다. 첫 시간, 글을 왜 쓰고 싶고 어떤 이야기를 쓰고 싶은지에 대해 이야기를 나누었다. 내 이야기를 남기고 싶어서, 생각을 정리하고 싶어서, 다른 사람과 자신의 이야기를 나누고 공감하고 싶어서 등 많은 이유를 말해주었다. 그렇다면 반대로 왜 못 쓰는지 물었다. 수강생들은 너 나 할 거 없이 쓰기가 두렵다고 했다. 글을 쓰면 다른 사람들이 나를 어떻게 볼지 걱정스럽다고 했다.

만날 때마다 글을 쓰라고 잔소리를 퍼붓는 지인이 있다. 그녀는 오랫동안 은행에서 근무했고, 그 경험을 바탕으로 지금은 초, 중, 고등학교에서 경제에 관련된 강의를 한다. 더불어 취미 생활로 캘리그라피를 하는데 그 수준이 상당하다. 한 번도 제대로 배워본 적이 없는 그녀의 글씨는 전문가들도 혀를 내두를 정도다. 그녀에게 오랜 직장 생활 노하우와 은퇴 후에도 공백 없이 바로 제2의 인생을 살게 된 비결과 자기 관리 비법 등 글로 풀어낼 것을 제안했다. 하지만 그녀는 계속 머뭇거렸다. 책이 부담스러우면 블로그나 브런치 등에 글을 연재할 것을 권했지만 그마저도 거절이다. 속내가 무척 궁금했다. 겉으로 보기에는 활달하고 쾌활하기 그지없는 그녀가 왜 글쓰기에는 이토록 주저하는 것일까. 만약 글을 쓰고, 책을 쓴다면 앞으로 하는 일뿐만 아니라 여성 은퇴자나 50, 60대에게 좋은 사례가 될 듯싶었다. 안타까웠다.

하지만 얼마 지나지 않아 글을 쓰지 못하는 깊은 속내를 알 수 있었다. 이미 높은 수준의 글을 읽어내고 척척 이야기하는 그녀는 한 번도 제대로 꾸준히 글을 써본 적이 없다고 했다. 자기가 보기에도 형편없는 글솜씨가 탄로 날까 봐 글쓰기를 계속 미루고 미루다 보니 소위 말하는 '자신의 바닥'이 드러날 것이 두려워서 못 쓰겠다는 것이다. 놀랐다. 그리고 안쓰러웠다.

많은 사람이 쓰기를 두려워하고 어려워한다. 아무리 좋은 말을 해도 그들에게 글은 도전하기 어려운 그것이다. 특히 세계적인 문학상이나 남들 보기에 어려운 책을 읽는 사람에게 이런 현상은 더욱 두드러지게 나타난다. 좋은 글을 많이 읽고 수준 높은 책을 읽어내는 것은 물론 칭찬받아 마땅하고 즐거운 일임이 분명하다. 하지만 글쓰기가 수반되지 않는 독서는 구멍이 뻥 뚫린 것과 같다. 그녀는 이미 자기가 감당하기 어려운 높은 '자기 검열'에 사로잡힌 것이다.

가끔 그런 생각을 한다. 과연 글을 잘 쓰는 사람은 어떤 사람일까. 조심스럽게 이야기하자면, 글을 잘 쓰는 사람은 아마 실패를 많이 한 사람 아닐까 싶다. 시나 소설, 드라마처럼 천부적인 재능이 있어야 하는 장르를 제외하고는 생각과 느낌을 정리하는 글은 부족하고, 단점 많고, 상처 많은 평범한 사람들이 더 잘 쓸 수 있다. 그리고 실제로도 잘 쓴다.

한 번쯤은 자신을 내려놓고, 읽던 글과 책을 멀리하고 자기만의 글쓰기에 도전해보자. 그동안 읽었던 작가의 그것은 모두 잊고 자신만의 이야기에 집중해서 써보자. 자기 이야기는 자기가 제일 잘 알지 않는가. 누구도 대신해줄 수 없는 그것을 글로 남기고, 한 자 한 자 써 내려가면 어느 순간 두려웠던 글쓰기가 조금은 시원하고 자연스러운 그것이 될 수도 있다.

누구나 쓰기 어렵고, 힘든 부분이 있다. 나 역시 그랬다. '글은 그 사람'이라고 하지 않았나. 글은 또 하나의 분신이다. 당연히 가장 쓰기 어려운 부분, 말하기 힘든 부분이 있기 마련이다. 그렇다면 이 과정을 어떻게 극복해야 할까. 언제까지 쓰기 어렵다, 힘들다, 두렵다는 말만 반복할 것인가.

우선 내가 가장 쓰기 힘들고 어려운 부분에 대해서는 의식의 흐름에 맡기고 마치 일기처럼 막 쓰기를 권한다. 자신의 모든 것을 아는 친구에게 하소연하는 것처럼 해소용으로 쓰는 게 좋다. 앞뒤가 맞지 않아도 좋고, 기-승-전-결 따위를 고려하지 않아도 된다. 그냥 막 쓰자.

그리고 며칠 있다가 이 글을 다시 보자. 그때는 내가 다른 사람의 '입장'이 되어서 다시 읽어보자. 예를 들어 친구와 싸웠던 이야기나 아팠던 이야기의 경우, 첫 번째 쓰기가 철저히 나의 입장에서 썼다면 이번에는 싸웠던 친구나 함께 병원에 갔던 지인이나 부모님의 입장에서 다시 들여다본다. 아니면 다시 써도 좋다.

같은 사건임에도 두 번째 글은 완전히 다르게 느껴질 것이다. 다른 사람의 입장에서 나를 바라보는 것은 특별한 경험이자 글을 좀 더 객관적으로 대할 수 있는 방법이다.

마지막으로 드론이나 CCTV를 통해서 이 이야기를 접한다고 생각하고 며칠 후 다시 글을 살펴보자. 그럼 군데군데 어색하거나 감정을 조절하지 못한 부분이 보인다.

가장 쓰기 어렵고 아픈 부분을 이렇게 과정 세 번을 거쳐서 쓰면 좀 더 편안하게 쓸 수 있다.

인생에서 가장 말하기 힘들고 아픈 부분은 누구에게나 있다. 하지만 좋은 글, 공감 가는 글을 쓰기 위해서는 이 과정을 넘어야 한다. 아프다고 피하지 말고, 천천히 오밀조밀하게 당시의 이야기를 풀어가 보자. 의외로 다른 사람의 입장, 제삼자 입장에서 보면 보이지 않았던 부분이 보이는 경우가 많다.

글쓰기가 여전히 어렵고 두려운 이들에게 강력히 추천한다. 그렇게 하면 글쓰기는 피해야 할 대상이 아닌 거룩한 부담감이지 않을까 싶다.

기록은
힘이 세다

세상에 안 되는 일은 없나 보다. 진짜 그림에 '그' 자도 몰랐고, 한때 '미술'이라는 과목이 지구상에서 없어졌으면 좋겠다는 생각을 한 적도 많았다. 그랬던 내가 지금 매일 하루에 한 장씩 '그림'을 그린다. '장'이라는 표현이 부끄러울 정도로 엽서 크기의 작은 수첩에 사물이나 풍경을 끄적대고 아이가 쓰다 남은 색연필, 집안 곳곳에 돌아다니는 수채화 물감, 언제 샀는지 기억조차 가물가물한 사인펜으로 색을 칠하는 그야말로 초등학생 수준의 그림이다.

게다가 급한 성격 탓에 공들여 섬세하게 그리기보다 대충 쓱쓱, 마치 고양이가 세수하듯 그렇게 그린다. 하지만 이 '그림'

3장 · 어쩌면 잘 쓰게 될지도 모릅니다

을 그리는 데 짧게는 10분, 길게는 20~30분이 나에게는 아주 큰 의미가 되어버렸다.

불과 100일 전까지만 해도 상상할 수 없는 일이었다. 내가 그림을 그리다니. 있어서도 안 되고, 있을 수도 없던 일이다. 학창 시절, 다른 과목이 애써 올려놓은 점수를 미술이 와장창 까먹을 때마다 신체의 모든 세포는 날 선 그것이 되어 온몸의 통증으로 전해져 왔다. 정말로 그림에 대한 분노, 미술 과목에 대한 화가 치밀어 올랐다.

글을 매일 쓰다 보니 나를 표현하는 다양한 수단에 대해 궁금증과 갈증, 호기심 등이 생겼다. 그중 내 글을 조금 더 잘 설명해줄 작은 그림 하나가 있었으면 좋겠다는 생각이 간절했다. 하지만 그때마다 학창 시절의 기억이 떠오르면서 시도는커녕 펜을 드는 것조차 싫었다.

'그래, 그냥 내 캐릭터 하나 그려보자!'
'뭐 어때 나만 알고, 나만 갖고 있으면 되지!'

그런 마음으로 시작했다. 그랬던 것이 점점 눈에 보이는 작은 물건, 읽었던 책, 인상 깊었던 드라마 장면 등 내 일상의 소소한 것을 하나씩 그림으로 표현했다. 평생 절대 못할 것이라고 여겼던 그것을 '표현 수단'으로 썼다. 작은 그림을 그리고 나면 항상 글 몇 줄을 남겼다. 그림을 그리면서 들었던 생각, 일종의 단상을 쓰기 시작했던 것이다. 그림보다는 글이 훨씬 편했던 나이기에 애써 공을 들인 이 시간을 제대로 기억하고 싶었다. 마치 어린 시절 그림일기를 쓰듯 그렇게 글과 그림을 매일 기록했다.

한 50여 일이 지나자 학창 시절 분노에 치를 떨었던 시간은 그 무엇과도 바꿀 수 없는 즐거운 시간이 되었다. 평생 재미없고 꼴 보기 싫었던 과목이 신나는, 그것이 되는 이상하고도 신기한 순간이었다.

매일 무언가를 기록하는 사람이 많다. 감사 일기 쓰기, 다이어트 식단 쓰기, 만 보 걷고 기록하기, 읽은 책 필사하기 등. 한 가지 종목이기에 어쩌면 비슷한 이야기를 반복적으로 쓸 때도 많다. 하지만 그 기록이 쌓이고 쌓여 일정 시간이 지나면 어마어마한 힘이 된다. 못하던 것도 아주 조금은 잘하게 되고, 안 하던 것도 하게 된다.

가만히 생각해보았다. 내가 그토록 싫어했던 그림을 매일 그리는 이유가 뭘까? 매일 기록하다 보니 어제보다 진짜, 진짜, 진짜 조금씩 나아지는 나를 보게 된다. 그냥 그림만 그렸다면 어쩌면 알 수 없었을지도 모르겠다. 함께 기록했기에 얻을 수 있었던 횡재다. 난 그림을 그린 게 아니라 그 시간을 기록하고, 글로 기억을 마음에 새긴 게 아닐까 싶다. 그랬더니 정말 조금씩이지만 선이 보이고, 색이 드러났다. 평생 보이지 않던 것들이 보이기 시작한 것이다.

'매일 무언가 한 가지를 정해 일정한 시기 동안 기록하자.'

하루 마신 물의 양도 좋고, 다이어트를 하는 사람이라면 식단도 좋다. 새벽에 기상하는 사람이라면 시간 인증 사진도 좋다. 그저 아무거나 딱 한 달 적어보자. 기록이 어느 정도 습관이 되면 그날그날의 생각과 느낌, 하면서 좋았던 점, 아쉬웠던 점 등 그날의 단상을 몇 자 남겨보자. 그럼 다음에 기록할 때 부족한 면이나 더 나아가야 할 점이 또렷하게 보이기도 하고, 흩어졌던 생각도 정리되는 것을 느낄 수 있다.

어른의 성장은 기록이다. 매일 꾸준히 단 하나의 무엇을 기록하다 보면 어쩌면 세상에서 가장 싫었던 것이 즐겁고 재미있는 '놀이' 정도는 될 수 있다.

내가 만약
글을 쓰지 않았다면

내가 만약 글을 쓰지 않았다면

난 하루 24시간을 무료하고 심심하게 지냈을 것이다.

한때 내가 없으면

이 세상의 모든 일이 돌아가지 않을 것만 같은

엄청난 착각과 오해를 하고 살았다.

하지만 어느 틈에 난 있어도 되고,

없어도 크게 불편하지 않은 존재가 되었다.

내가 만약 글을 쓰지 않았다면

난 내가 어떤 사람인지 모를 뻔했다.

글을 쓰다 보니

나의 부족함이 보이고,

나의 모자람이 여실히 드러난다.

내가 만약 글을 쓰지 않았다면

인생의 큰 재미와 놀이 하나를 놓칠 뻔했다.

메모,
글이 됩니다

"제 예상과 너무 빗나갔어요."

4차시로 진행하는 도서관 수업에서 한 수강생이 왈칵 울음을 쏟아내며 한 말이다. 일순간 함께 있던 모든 사람이 당황했다. 평소 명랑하고 쾌활하게 자신의 이야기를 조근조근 잘했던 그녀였기에 갑자기 쏟아내는 울음 섞인 목소리는 우리 모두를 낯설게 했다.

첫 시간, 쓰고 싶은 글감을 이야기하며 그녀는 어렵게 자신의 이야기를 꺼내놓았다. 남편의 사업으로 5년 동안 해외에 거주하고 온 그녀는 5년 사이 너무 달라진 한국 생활에 적응하기 쉽지 않았다고 했다. 서울에 온 지 6개월이 지났지만 여전히 눈을 뜨면 여기가 서울인지 외국인지 구분이 잘 안 가는 날도 많다고 했다. 무엇보다 외국에서 자유분방하게 살았던 아이가 경쟁이 치열한 한국 학교에 적응하지 못하면 어떡하나 싶어 조마조마한 몇 달을 보내고 있다고 했다. 그래서 자신이 경험한 외국 교육과 한국의 치열한 경쟁 교육에 대해서 쓰고 싶고, 그 내용을 쓰는 동안 자신의 한국 생활 반년을 정리하고 싶다고 했다. 더불어 아이가 빨리 학교생활에 적응하길 바란다고 했다. 오랫동안 글을 써오지 않았던 사람이라 주제가 너무 어렵고 묵직한 느낌이었지만 그녀가 현재 가장 쓰고 싶은 주제였기에 말릴 수가 없었다. 그래서 함께 이야기하며 대강의 글 틀을 잡아주고 그날의 수업을 끝냈다.

하지만 문제는 그날 밤, 과제를 하기 위해 아이와 함께 이야기를 나누면서 생겼다. 본인의 예상과는 달리 아이는 한국 학교생활에 아주 만족했고, 오히려 외국에서의 학교생활이 못내 불편하고 싫었다고 말했다는 것이다. 자신이 생각했던 내용과 전혀 다르게 이야기가 전개되는 상황에서 그녀는 이내 글쓰기의 방향을 잃고, 뭘 써야 할지 몰라서 아무것도 할 수 없었다는 것이다.

글을 쓰다 보면 자신이 예상했던 것과 정반대 혹은 전혀 다른 방향으로 이야기가 전개되는 것을 자주 느낀다. 당연하다. 어찌 인생이 내 마음대로 되는가. 글쓰기도 마찬가지다. 어쩔 수 없다. 글이라는 것이 쓰면서 정리되고 새로운 생각이 가지를 뻗기 때문이다.

그래서 나는 초보 글쓰기 주자들에게 항상 강조하는 것이 있다. 바로 '메모'다. 메모는 글쓰기의 기본이자 기초다. 메모를 자주 하면 다양한 글감이 내 안에 있다는 것을 금방 알게 된다. 딱 한 달만 해봐도 알 수 있다.

단언컨대 쓸거리가 없는 사람은 없다. 단지 메모하지 않는 사람만이 있다. 내가 이렇게 메모의 중요성을 꾸준히 설파했더니 어느 날 이런 댓글이 올라왔다.

"메모 꾸준히 하고 싶은데 잘 안되네요. 한량 님께서 좀 도와주실 수 있으실까요?"

그날 당장 나는 블로그를 통해 나와 함께 메모할 사람들을 모집했다. 순식간에 이웃 15명이 모였고 한 달 동안 우리는 온라인과 오프라인을 병행한 메모를 할 것, 매일 하루 1회 이상 단톡방에 메모를 올릴 것을 약속했다. 함께하는 메모는 엄청난 효과를 불러일으켰다. 글뿐만 아니라 그림, 사진, 앱 등 상상할 수 없었던 다양한 방법의 메모들이 등장했다. 더불어 내가 전해준 메모 팁들을 자기만의 방식으로 응용해서 더 멋진 메모를 남겼다.

꾸준한 메모는 샘솟는 글쓰기의 주제와 소재를 만들어준다. 평소 내가 본 것, 느낀 것, 들은 것을 일정한 시간에 메모로 남겨보자. 핸드폰 메모 앱도 좋고, 작고 예쁜 수첩도 좋다. 손바닥이나 손등도 좋다. 그때그때 생각을 놓치지 말자. 그리고 매일 일정한 시간 그 메모를 다시 한번 보고, 그중 하나를 이야기로 써보자. 처음부터는 어렵고 힘들다. 한 달간 꾸준히 메모를 통해서 생각을 모아보자. 이때 핸드폰이나 온라인에만 의존하지 말고, 온라인과 오프라인(아날로그) 방식을 병행해보자. 그래야 좀 더 세밀한 메모를 할 수 있다.

메모를 통해 쓰기 습관이 형성되면 어느새 메모 한 줄에서 글 한 장으로 발전하는 나를 발견할 것이다. 블로그에 바로 글쓰기를 하는 것을 어려워하는 사람이 많다. 글쓰기 초반부터 나를 드러내는, 공개 글쓰기가 사뭇 부담스러울 수 있다. 그럼 이때는 꾸준한 메모로 글쓰기의 습관을 익히고 나서 공개 글쓰기를 하면 좋다. 공개 글쓰기가 아무리 좋다고 하지만 마음의 준비가 되지 않은 상태에서 하면 글쓰기가 더 두렵고 힘들 수도 있다. 이런 사람들은 먼저 꾸준한 메모를 통해 자신만의 글감을 차곡차곡 쌓아보면 언젠가는 계속해서 글을 쓰고 싶어 손이 근질거리는 자신과 맞닥뜨릴 것이다.

메모 한 장이 글이 되고, 그것이 다시 내 이야기를 고스란히 담은 에세이가 될 것이다.

4장

콘텐츠가 되는
글쓰기는
재미있다

글쓰기 재능을 키우기 전에
뻔뻔함부터 기르라고 말하고 싶다.

하퍼 리

골방 글쓰기
vs 공개 글쓰기

한 소설가의 등장으로 시끌시끌하다.

인터넷 게시판 '오늘의 유머'에 매일 짧은 소설이 올라왔다. 소설을 쓰는 사람은 주물공장에 다니며 지친 하루의 피로를 풀기 위해 매일 글을 쓰고 올렸다. '맞춤법이 틀렸다', '이야기가 이상하다', '문장이 맞지 않다' 등 댓글이 달렸다. 그는 댓글을 차근차근 보며 소설을 고쳤다.

그렇게 매일 글을 올렸다. 하루가 지나고 이틀이 지나, 1년이 넘도록 달린 댓글로 소설을 고쳤다. 어느새 게시판에서 가장 인기 있는 글이 되었고, 눈여겨보던 출판사 관계자가 그에게 책으로 낼 것을 권유했다. 그렇게 소설가가 되었다.

소설가 김동식의 이야기다. 그는 단 한 번도 글쓰기에 관한 수업을 들어본 적이 없다고 하며, 네티즌들이 글쓰기 스승이었다고 한다. 만약 그가 글을 인터넷 게시판에 올리지 않았다면 지금 소설가 김동식이 존재할 수 있었을까.

사실 매일 글을 쓰는 사람은 의외로 많다. 짧은 일기나 다이어리에 할 일을 기록하기도 하고, 서평이나 영화평을 쓰기도 한다. 어쩌면 매일 개인적인 이야기를 나누는 문자메시지 역시 글쓰기의 하나다. 하지만 단순히 노트나 컴퓨터에 담아놓은 글과 공개하는 글에는 많은 차이가 있다.

일단 글을 공개하게 되면 나도 모르게 글을 좀 더 객관적으로 쓰려고 노력한다. 넘처나는 감정을 조금은 한 발짝 멀리서 보고, SNS에 올리기 전 다시 한번 지나친 표현이나 넘치는 어휘는 없는지 살핀다. 오타라도 본다. 이런 과정에서 놓쳤거나 빠진 부분을 살피고 좀 더 세밀하게 텍스트를 관찰한다. 혼자 쓰는 골방 글쓰기에는 이런 과정이 없다. 그냥 쓰고 나면 그뿐이다.

중년 L 씨는 중학교 때부터 지금까지 매일 일기를 써왔으며, 글쓰기의 내공이 어마어마한 사람이다. 결혼과 이사 등으로 많이 잃어버렸음에도 대학노트 40권 분량 정도를 일기장으로 가지고 있었다. 한 문화센터에서 만난 그녀는 처음부터 A4 두

장이 넘는 장문의 글을 제출했다. 문장의 호응이나 주어와 서술어와의 관계, 동어 반복 등 초보 글쓰기 도전자가 흔히 하는 실수도 없었다. 매끈했다. 오랫동안 글쓰기를 해온 내공이 그대로 드러났다. 언뜻 봐도 만만치 않은 실력이었다. 자신의 글을 낭독한 후 참여자들의 칭찬과 폭풍 공감에 그녀는 끝내 눈물을 보이고 말았다. 지금까지 단 한 번도 자신의 글을 가족 외에 다른 사람에게 보여준 적이 없다고 했다. 이렇게 좋은 걸 왜 꼭꼭 숨겨서 써왔는지 후회스럽다고 했다. 그동안 왜 그토록 자신의 글을 꺼내놓지 못했는지 이유를 물어보니 "너무 못 써서서요."라고 한다. 그날 이후 그녀는 유튜브와 블로그를 통해 글을 올리기 시작했고, 자신의 콘텐츠를 많은 사람에게 알리고 있다. 게다가 조만간 그 이야기를 모두 담은 책 출간을 앞두고 있다.

독서와 글쓰기는 끊임없는 대화의 과정이다. 책을 읽을 때는 저자와 대화를 나누고, 글을 쓸 때는 자신의 생각, 감정과 이야기를 나눈다. 이 '대화'를 통해 다음 글이 나오고, 뒤 문장이 만들어진다. 그런데 공교롭게도 '골방 글쓰기'만 계속하다 보면 '나와의 대화'만 계속하게 된다. 다양한 목소리를 듣지 못하는 것이다.

글을 쓰는 목적과 이유는 다양하다. 어떤 이들은 자신만의

기록으로 글을 쓸 수도 있고, 어떤 이들은 하고 싶은 말을 쏟아
내는 해소용으로 쓸 수도 있다. 매일 글쓰기와 블로그 글쓰기의
극명한 차이는 여기에 있다. 매일 글쓰기를 하면 글쓰기 습관도
생기고, 실력도 늘 수 있지만 자신이 쓰고 있는 이야기가 과연
다른 사람들도 흥미 있어 할지 알 수 없다. 이른바 유용한 콘텐
츠인지 알 수 없는 것이다.

골방 글쓰기에서 탈피하여 나의 이야기와 콘텐츠를 널리
널리 알리자. 그런 과정을 통해 글에 비약은 없는지, 근거는 타
당한지 알 수 있다. 네티즌의 섬세한 코치로 소설가가 된 김동식
처럼.

언제까지
남이 차려준 밥만
먹을 거니?

주부가 좋아하는 말 중에 이런 말이 있다. "남이 차려준 밥은 돌도 맛나다." 주부만이 공감할 수 있는 이야기다. 주부는 배가 고프지 않아도 밥을 해야 하고, 차려야 한다. 그래서 '남이 차려준 밥'이라면 그게 어떤 음식이건 상관없이 맛있다는 이야기다.

하지만 가만히 생각해보면 주부만 '남이 차려준 밥'을 좋아하는 것이 아니다. 우리는 하루 24시간 중 대부분 시간을 소비자로 산다. 경제적인 소비뿐만 아니라 남이 써놓은 책을 사고, 타인의 블로그에 들어가며, 누군가의 유튜브를 본다.

시간이 나고 무료해지면 핸드폰을 꺼내 들고 다른 이들이 만들어놓은 콘텐츠를 클릭한다. 콘텐츠를 소비하는 삶이다. 이렇게 소비자로서의 삶만 계속하다 보니 그저 지켜보는 일에만 능숙하다. 수동적이다. 이 말에 반발하는 사람도 많을 것이다. 댓글이나 공감을 통해 자신만의 콘텐츠를 창출한다고 반발하는 이도 적지 않을 것이다. 하지만 그것이야말로 '잘 차려놓은 밥상에 숟가락을 얹는' 단순한 행위일 뿐이다. 이제 더 이상 다른 사람이 차려놓은 밥상만을 즐기는 시대는 지나갔다.

다시 본론으로 돌아와서 남이 해놓은 콘텐츠를 우리는 종일 소비한다. 스마트폰의 급격한 보급으로 '남이 차려놓은 콘텐츠'를 보기란 너무나 쉽게 되었다. 유튜브, 블로그, 인스타그램, 페이스북, 그것들만 돌아다녀도 하루가 그냥 훌쩍 가버린다. 시간 가는 줄 모른다. 남의 콘텐츠를 그저 소비만 하고 있다. 한때 영상 콘텐츠는 전문가의 영역이었다. TV, 영화, 동영상 등은 고도의 교육을 받은 피디나 작가, 영상 감독만 할 수 있었다. 하지만 요사이 핸드폰 앱의 비약적인 발전으로 이마저도 누구나 쉽게 할 수 있는 영역이 되었다. 고도의 테크닉을 요하거나 거대 자본이 드는 영화나 광고 콘텐츠라면 모를까 유튜브, 블로그, 인스타그램, 페이스북을 통해 영상 콘텐츠 역시 누구나 쉽게 생산해낼 수 있다. 언제까지 남이 차려놓은 콘텐츠를 소비만 할 것인가?

결혼하고 제일 어려웠던 것 중의 하나가 요리다. 일하느라 제대로 요리를 배울 시간이 없었다. 하지만 사람 좋아하고, 모임을 좋아하기에 신혼 초 많은 지인을 초대해 이것저것 요리해서 먹으며 즐겁게 시간을 보냈다. 밖에서 먹는 것보다 훨씬 저렴할 뿐만 아니라 늦은 시간 밖에서 돌아다니지 않아도 되는 안락함이 무엇보다 사람들을 집으로 초대하게 했다. 하지만 그때 요리 실력은 정말 눈 뜨고는 볼 수 없을 정도로 형편없었다. 당시 요리 실력에 신경을 썼다면 그 많은 사람을 초대하지 않았을 것이다. 그저 함께 이야기 나누는 사람들이 좋았고, 부족한 요리 솜씨는 배달 음식으로 채우면 그뿐이었다. 늦은 밤, 손님들이 들이닥치거나 아이의 친구들이 갑작스레 방문해도 냉장고를 열고, 요리 몇 개쯤은 뚝딱 손쉽게 해낼 수 있다. 그동안 시간이, 그동안 경험이 최소한의 것들을 만들어낼 수 있는, '나'를 만든 것이다.

콘텐츠를 소비만 하는 생활에서 생산자로 거듭나기로 마음을 먹지만 선뜻 나서지 못한다. 이유는 기술에 관련된 부분 때문이다. 편집을 잘 못해서, 블로그 툴을 잘 몰라서, 파워포인트를 못해서 등 이유도 흘러넘치고도 남는다. 근사한 것을 올려야만 할 것 같고, 보잘것없는 콘텐츠를 올리면 괜히 낯 뜨겁다는 것이다. 이미 여러 해 동안 남의 콘텐츠만을 소비하다 보니 눈이 높아질 대로 높아진 것도 원인이다. 하지만 생각을 달리해보면 만약 신혼 초 내가 형편없는 요리 솜씨에 연연해서 사람들을 집으로 초대하지 않았다면 과연 그들과 지금까지 좋은 만남을 유지할 수 있었을까 하는 생각이 든다. 모임의 본질은 요리가 아니라 사람들과의 만남이고, 그들과 함께 나눈 이야기와 시간이다. 본질에 충실하면 다른 문제들은 시간이 지나면 하나둘씩 해결된다.

콘텐츠 소비자에서 생산자로 자세를 바꿨다면 나의 콘텐츠에만 신경 쓰자. 당장 멋진 편집, 화려한 사진보다는 그 안에 어떤 콘텐츠를 채울 것인가에만 초점을 맞추자. 이후 촬영 기술이나 편집 기술, 툴에 대한 이해는 직접 해나가면서 배우면 된다. 거듭 말하지만 요즘은 핸드폰 기술의 눈부신 발전으로 좋은 앱과 서비스가 하루가 다르게 쏟아지고 있다. 블로그 역시 초기에 비하면 비교도 안 될 만큼 손쉽게 할 수 있는 프로그램들이 개발되었다. 한글만 뗀 사람이라면 그 누구라도 할 수 있다. 하겠다는 마음만 장착하면 된다.

콘텐츠 생산자로서의 삶을 시작하면 하루를 살아가는 방식이 이전보다 180도 달라진다. 유튜브에서 여기저기를 검색하는 대신 오늘은 어떤 콘텐츠를 올릴까 고민하게 되고, 한 시간

4장 · 콘텐츠가 되는 글쓰기는 재미있다

한 시간을 소중하게 쓰게 된다. 맛집 블로그를 찾아다니는 대신 그동안 찍었던 핸드폰 속 음식을 보며 그 음식에 관한 추억과 기억을 더듬고, 쓸 글을 정리하게 된다. 매일매일 글을 써야 하니 내 일상의 이야기 하나하나가 소중해지는 것이다. 이것을 어떻게 글감으로 옮길까. 나의 메인 콘텐츠와 어떻게 연결할까 하는 생각에 빠지다 보면 금세 시간이 훌쩍 지나간다.

오랜 시간 방송 작가로 근무해왔다. 작가로 일하며 때로는 예능 프로그램을 하기도, 아침 정보 프로그램을 맡기도 했다. 그 때 나는 진정한 나만의 콘텐츠 생산자는 아니었다. 프로그램의 성격과 편성, 시청자층을 분석하고 이에 따른 아이템을 찾고 구성안을 쓰고, 내레이션을 썼다. 오랫동안 염원했던 일이었고 하는 내내 즐거웠지만 글을 쓰는 일이 지치고 힘들 때도 많았다.

하지만 내 블로그에 글을 올리고, 인스타그램에 사진을 올릴 때 그런 일이 없다. 내가 하고 싶고, 내가 원하는 콘텐츠에 관한 글이기에 쓰는 일이 힘겹지도 지치지도 않는다. 오히려 시키지도 않았는데 밤을 꼴딱 새우며 블로그에 글을 쓰기도 하고, 시간이 나면 핸드폰을 열어 어떻게 하면 좀 더 내 콘텐츠를 잘 전달할 수 있을지 이리저리 블로그 글을 정리한다.

현재 블로그, 브런치를 운영 중이다. 각 툴마다 특성이 달라서 올리는 재미가 쏠쏠하다. 운영 체계에 대한 두려움이 없었던 것은 아니지만 무식하면 용감하다는 생각으로 하루하루 올리다 보니 사진도 편집하게 되고, 글도 좀 더 예쁘게 올리게 되었다.

자고 일어나면 새로운 기술이 속속 개발된다. 컴퓨터 시스템을 연구하는 사람들에게 얼마나 감사한지 모른다. 화려한 파워포인트를 할 줄 몰라도, 기가 막힌 편집 기술이 있지 않아도 누구든 글을 쓰고, 자신만의 콘텐츠, 텍스트, 사진, 동영상을 만들어 올릴 수 있는 시대가 온 것이다. 다른 사람과 다른 나만의 콘텐츠는 무엇인가가 가장 중요하다. 기술은 그다음이다.

이 나이에
블로그를 열다니?

강의 관련으로 한 대학에 방문했다. 담당자와 수업에 관한 여러 가지 이야기를 나누고 관련 서류를 작성한 후, 미팅이 거의 끝나갈 무렵 담당자가 묻는다.

"블로그 주소 좀 주세요? 홍보 전단지에 넣을게요."
"저 블로그 없는데요."

나의 말에 담당자는 못내 아쉬움을 토로했다.

"블로그 안 하세요? 요새 다 하시는데. 그래야 홍보도 되고 좋잖아요? 빨리하세요."

벌써 이런 말만 수차례 들었다. 만나는 사람마다 나에게 블로그를 할 것을 권했다. 하지만 난 뭐가 그리 바쁜지 아니 게으른지 차일피일 미루고 있었다. 아니 정확하게 말하면 이제 와 새삼 블로그를 하는 게 무슨 소용인가 싶었다. 블로그를 하는 사람이 많이 없었던 시절이라면 모를까 초등학생들도 다 하는 블로그를 이제 시작하는 것이 무슨 필요가 있을까? 무엇보다 자신의 일상을 미주알고주알 올리는 것도 내 눈에는 좋아 보이지 않았다. 그렇게 나는 블로그 없는 사람으로 살고 있었다.

프리랜서 생활이 올해로 20년째다. 방송 작가로 생활할 때는 내가 만드는 프로그램이 있으니 프로그램 이름만 대면 내가 무엇을 하는 사람인지 정확히 알릴 수 있었다. 최근 5년 정도는 방송 외에 글쓰기 코치, 콘텐츠 디렉터 등 다양한 분야의 일을 하고 있기 때문에 한마디로 나를 설명하기가 애매해졌다. 다양한 영상 콘텐츠 관련 일도 하고, 글도 쓰고, 책도 읽는, 그런 여러 가지 일을 하다 보니 설명이 구구절절해졌다.

그러던 어느 날, 마침내 나는 블로그를 열고 말았다. 새롭게 시작하는 수업에서 수강생들의 과제물을 올릴 공간이 필요했는데 마땅히 올릴 공간이 없었다. 카페를 하자니 수업 이후 죽어가는 공간이 되기 일쑤였고, 단체 카톡방으로 운영하다 보니 시스템이 불안정했다. 무엇보다 정보를 저장하는 기간이나 공간이 짧아 이용에 어려움이 많았다. 이전 기수와 현재 기수 사이에 엄청난 양의 과제, 서로 간의 정보 교류, 다양한 기획안까지 아까운 자료가 하나둘이 아니었다. 고민 끝에 나는 블로그를 개설하고 아이디와 비밀번호를 공유한 후 공동 블로그를 운영하게 되었다. 공동 블로그의 효과는 예상외로 아주 좋았다. 기수 간 교류의 장이 되는 것은 물론 다양한 유입 경로를 통해 비슷한 취미를 가진 사람들이 모이는 하나의 장이 되었다. 그렇게 나는 블로거가 되었다.

공동 블로그로 블로그에 대한 막연한 불신이 어느 정도 사라졌다. 이후 용기를 내어 직접 내 블로그를 개설했다. 처음 블로그를 개설하고 난 후 하루에도 열두 번 카테고리를 이리저리 옮기고 글을 썼다, 지웠다 반복했다. 지금 생각하면 웃음이 절로 나온다. 도대체 이웃 수도 제로에 가까운 블로그를 누가 본다고 그랬을까.

그렇게 마흔이 훌쩍 넘어 반강제적으로 블로그를 시작한 지 1년째다. 블로그에 글을 쓰면서 나는 지금까지와는 다른 진짜 나의 글을, 나의 이야기를 쓰고 있다. 주변에서 묻는다. 그 나이에 블로그를 열어서 무엇하냐고.

이제 와 인기 블로거가 될 생각도, SNS 마케팅으로 대단한 돈을 벌 용기도, 능력도 없다. 난 그저 블로그에 매일 글을 쓰면서 글쓰기를 습관처럼 만들고, 비슷한 글들이 쌓이면 카테고리를 만들어 새로운 주제의 책을 쓸 준비를 한다. 내가 좋아하는 드라마나 책의 내용을 발췌하고 단상을 쓰고, 나와 비슷한 생각을 하는 이웃들과 공감과 위로를 하며 이야기를 나누기도 한다.

블로그 글쓰기는 나에게 마흔이 훌쩍 넘은 나이에도 충분히 많은 것을 할 수 있게 하고, 해도 된다고 이야기해준다.

나의 블로그 닉네임은 '글 쓰는 한량'이다. 내 꿈은 글을 쓰면서 죽을 때까지 '한량'으로 사는 것이다. 그 길을 블로그가 열어주었다.

블로그로
진짜 글쓰기에 빠지다

"절대 하고 싶은 생각이 하나도 없었다. 이제 와 새삼 시작해야 할 그 어떤 이유도 없었다."

노희경 작가의 드라마 〈세상에서 가장 아름다운 이별〉이 21년 만에 리메이크되었다. 21년 전 대본과 어떻게 다른지 드라마를 보며, 한 줄 한 줄 대사와 주요 장면들을 매일매일 옮겨 적었다. 더불어 그때그때 드는 나만의 단상도 정리했다. 드라마 작가가 꿈이었던 나에게 노희경 작가의 작품은 험준한 이 세상을 살아가게 하는 유일한 '오아시스'다.

그렇게 한 달을 보내고 나니 무려 30개의 대사와 글이 고스란히 남아 있었다. 매일 새벽, 어떤 대사를 고를까 하며 대본 집을 여기저기 뒤적이며 고민했던 흔적과 그날의 대사에 맞는 다른 책, 여타의 작품을 비교한 내용이 빼곡했다.

'보기만 해도 뿌듯했다.'

이 많은 대사를 그냥 내버려 두자니 너무 아까웠다. 아주 오래전부터 그녀의 작품을 좋아했지만 한 달 내내 단 하루도 빠짐없이 필사한 것은 처음이었다. 아주 특별한 경험이자 축복이었다. 매일매일 대본을 보고 필사할 내용을 찾으며 나 역시 노희경 작가에 빙의한 듯 글에 아파하고 눈물지었다. 그때 문득, 비록 드라마 작가는 되지 못했지만 이것들을 제대로 작품별로 정리해두는 것도 꽤 의미 있는 일이 아닐까 싶었다.

그럼 어떻게 정리할 수 있을까?

노트북에 작품별로 디렉터리를 만들어서 정리할까. 그 방법이 좋긴 하지만 그때그때 필요한 문장이나 작품을 찾기가 쉽지 않을 듯했다. 다음에는 모두 한글로 옮긴 후 출력해서 제본할까. 이것 역시 그동안 여러 번 시도해봤지만 제본할 때뿐 절대 다시 꺼내 보지 않은 기억이 남아 있었다. 밤새 별별 생각을 다

하다가 불현듯, 블로그가 생각났다. 블로그에 대본을 올리면 날짜별, 작품별 저장이 가능하고 무엇보다 수시로 꺼내 볼 수 있다. 게다가 대사 속 단어 하나하나까지 검색이 가능했다. 바로 '이거다' 싶었다.

사실 블로그를 하라는 권유는 수없이 들어왔다. 남들은 두세 개쯤 있는 블로그나 SNS를 단 하나도 하지 않았다. 중요한 것은 하고 싶은 마음이 아예 없었다. 블로그를 해야 할 어떤 이유도, 필요성도 없었다. 평범하기 그지없는 내가 쓸 만한 이야기도 없었고, 딱히 쓰고 싶은 것도 없었다. 무엇보다 자신을 드러내는 것이 서툴렀던 나에게 블로그는 불편하고 부담스러운 그것이었다.

그런데 사정이 살짝 달라졌다. 내가 좋아하는 작가의 드라마 대사를 한 달 내내 필사하고 정리한 내용을 어딘가에 저장하지 않는다면 다른 책들이 그렇듯 연기처럼 시간이 지나면 잊힐 듯했다. 밤새 이리저리 고민하다 아침이 되자마자 오래전에 개설만 하고 아무 글도 올리지 않았던 블로그를 열어보았다. 아주 오래전 기사 두세 개를 공유해놓은 것뿐이었다. 나는 그곳에 드라마 내용과 대사를 하나하나 옮기고, 단상을 남겼다. 드라마에 대한 리뷰 글도 올렸다. 그런데 얼마 시간이 지나지 않아 이상한 일이 벌어졌다. 내가 쓴 드라마 리뷰 글의 조회 수가 엄청 올라가기 시작했다. 초보 블로거인 나에게는 어마어마한 숫자였다. 나를 이웃으로 신청하는 사람도 생겼고, 공감과 댓글이 생기기 시작했다. 특히 당시 드라마에서 가장 눈에 뜨였던 배우 염혜란에 관한 글은 점점 높은 조회 수를 올렸다. 놀랐다. '아, 누군가 내 글을 읽고 있구나.'라는 생각에 가슴이 콩닥콩닥 뛰기 시작했다. 나처럼 노희경 작가를 좋아하는 사람이 많구나. 나도 모르게 다음에는 어떤 글을 쓸까, 예전에 봤던 드라마 리뷰도 함께 써볼까 하는 생각을 하며 대본집을 이리저리 옮기며 예쁘게 표지를 찍기도 하고, 드라마 명장면 등을 캡처하기도 했다. 그렇게 나는 블로그를 시작했고 약 1년이 되었다.

나는 오늘도 매일 블로그에 일상과 생각, 각종 기록을 남긴다. 매일 블로그에 글을 쓰다 보니 그토록 습관이 되지 않았던 매일 글쓰기 습관이 들었고, 관심 분야에 대한 기록을 남기다 보니 자연스럽게 공부가 되었다. 무엇보다 소소한 이웃들과의 소통도 계속 글을 올리는 절대적인 이유가 되었다. 지금도 여전히 나는 엄청난 인기 블로거도 아니고, 드라마를 좋아하고, 글쓰기와 책에 대한 글을 올리는 '그저 그런' 블로그 운영자다.

하지만 블로그에 글을 쓸 때마다 이런 생각을 한다. 나 자신이 이토록 자유로웠던 순간이 언제였을까. 블로그에 글을 쓰면서 그 어떤 때에도 느낄 수 없었던 삶의 기쁨을 만끽하고 있다.

'작은 이탈들을 유혹하는' 블로그 글쓰기는 '기쁨의 돼먹음'을 통해 내가 다시 글을 쓰게 하는 힘이 된다. 비록 잘 쓴 글은 아닐지라도 내가 쓴 글이, 그리고 내가 옮긴 드라마의 한 줄 대사가 누군가에게는 감동이고, 누군가에게는 하루를 시작하는 에너지가 되기도 한다. 그 가슴 벅찬 자유와 기쁨은 느껴본 사람만이 안다.

살면서 얻는 소소하지만 확실한 행복을 '블로그에 매일 글을 쓰면서' 느낀다. 그래서 나는 매일 블로그에 글을 쓴다.

블로그는
나의 소심한 기록장

제주도 동쪽 끝 마을, 종달리에 가면 아주 작은 책방이 하나 있다. 한때 제주도를 자주 찾았을 때 그곳을 그냥 무심코 스쳐 지나갔던 모양이다. 한참 후에 지인들의 소개로 그 책방을 알게 되었다. 책방 이름이 참 이쁘다. '소심한 책방'이다. 그곳에 가면 재미있는 책이 참 많다. 그리고 '소심한 책방'에서만 파는 수첩이 하나 있다. 바로 '소심한 기록'이라는 이름의 수첩이다. 어느 날 제주도를 다녀온 지인이 선물이라며 그 수첩을 내밀었다. 평소 꼭 갖고 싶었던 수첩이라 반가운 마음에 얼른 챙겼다.

얼마 전 온라인 수업 중에 한 사람이 이런 고민을 남겼다.

"블로그에 개인적인 이야기를 써도 되나요?"

당연히 된다는 말을 남기고, 왜 그렇게 생각하는지 이유를 물었다. 얼마 전 갔던 블로그 마케팅 강의에서 일상적인 글을 너무 자주 블로그에 올리면 전문성이 떨어져 보이니 될 수 있으면 올리지 말라고 했다는 것이다.

블로그나 SNS 플랫폼의 영향력이 점점 커지면서 블로그를 통해 다양한 일을 하는 사람이 늘어나고 있다. 블로그를 이용하는 방법은 다양하다. 자신이 하는 일을 알리는 홍보 수단으로 이용하는 사람도 있고, 공부나 운동 습관을 들이기 위해 매일을 기록하는 사람도 많다. 하지만 무엇보다 블로그로 하면 가장 좋은 것은 글 쓰는 습관이다.

블로그에 소소하게 일상과 생각이 담긴 글을 정리해보자. 짧은 생각이나 읽은 책의 발췌 등이 모여 단순한 기록에서 멋진 글로 탄생하는 모습을 볼 수 있을 것이다.

제주도의 한 책방에서 판매하는 수첩 이름처럼 블로그는 어쩌면 소심한 나의 기록을 담아놓은 보물 창고이자, 나를 잘 잡아달라는 약속이다. 그리고 오늘 하루를 이렇게 살겠다는 의지의 표현이다.

콘텐츠가 되는 글쓰기는
조금 다릅니다

"매일 혼자 글쓰기만 하다 보니 내 얘기만 하는 듯했습니다.
블로그에 글을 쓰면 조금이라도 다른 사람들에게 도움을 줄 수
있는 글을 쓸 수 있어서 도전해봅니다."

어느 날, '매일 블로그 써봤니'라는 제목의 글에 달린 이웃
의 댓글이다. 감탄이 절로 나왔다. 내가 많고 많은 글쓰기 방법
중에 공개하는 글쓰기를 이토록 강조하는 이유가 바로 여기에
있다. 공개하지 않는 글쓰기를 매일 하다 보면 어느새 자기 하소
연이나 넋두리용으로 하는 경우가 많다. 당연하다. 내 안에 하고
싶은 말, 쓰고 싶은 말이 얼마나 많은가. 나에게 무례하게 굴었
던 누군가에게 보내는 일침, 자존감이 밑바닥으로 떨어져 울고

싫었던 날의 이야기, 하마터면 열심히 살 뻔한 이야기 등 차고 넘칠 것이다. 남들에게 하고 싶지만 차마 하지 못한 말, 글로 남겨서라도 풀고 싶은 것은 인간의 본능이다. 하지만 언제까지 세상에서 가장 쉬운, 자기표현 수단인 글을 해소와 위안용으로만 쓸 것인지 잘 생각해보자.

해소와 위안도 글쓰기의 중요한 목적 중 하나이고, 이는 글쓰기 과정 중에 반드시 거쳐야 하는 것이다. 하지만 일정한 정도의 글쓰기 습관과 방법을 익혔다면 이제는 자신만의 개성과 색깔이 들어간 '콘텐츠'가 되는 글쓰기를 해보자. '콘텐츠가 되는 글쓰기'를 하다 보면 글을 쓰는 행위로 누군가에게 도움을 주기도 하고, 내 인생을 좌우하는 '무기'가 생기기도 한다.

그렇다면 과연 콘텐츠는 무엇일까? 우리는 하루에도 수십 번씩 '콘텐츠'라는 단어를 듣는다. 더불어 이 시대를 살아가려면 누구나 자신만의 콘텐츠를 찾아야 한다고 한다. 콘텐츠의 단순한 사전적 의미는 내용물, 목차를 말한다. 하지만 요즘 '콘텐츠'의 의미는 이것만으로는 설명하기 힘들다. 우리는 콘텐츠를 글자, 텍스트 정보 혹은 영상, 비디오, 음악, 사진, 그림 등 멀티미디어 서비스를 형성하는 지적 재산권을 모두 일컫는 말로 사용한다. 더불어 다양한 매체와 채널이 활성화하면서 온라인뿐만 아니라 모바일을 통해서도 누구나 자신만의 콘텐츠를 만들고 제공할 수 있다. 결론적으로 어떠한 형태든 멀티미디어 서비스 형태로 제공되는 모든 것을 우리는 '콘텐츠'라고 부른다.

이미 많은 사람이 자신의 콘텐츠를 만들어 블로그, 인스타그램, 유튜브, 페이스북 등 다양한 소셜 미디어에 공유하고 있다. 그중 이웃을 수만 명 가진 인기블로그도 있고, 수억 원대를 버는 유튜버도 심심치 않게 찾을 수 있다. 그럼 나만의 콘텐츠가 되는 글을 쓰기 위해서는 무엇을, 어떻게 담아내야 할까.

콘텐츠가 되는 글쓰기 1

일단 당신의 경험을 믿어라

《동물농장》,《1984》등의 소설로 유명한 작가 조지 오웰은 글쓰기에서 가장 중요한 것은 글의 주제인데, 그것은 경험하지 않으면 실상을 드러낼 수 없다고 말했다. 그래서 그는 직접 파리와 런던에서 노숙자, 접시닦이 등의 생활을 하며 몸으로 겪은 그만의 '경험'을 바탕으로 소설을 썼다.

콘텐츠가 되는 글쓰기 역시 마찬가지다. 자신이 지금 경험하는 것 혹은 과거에 경험했던 나의 이야기가 나만의 콘텐츠다. 같은 노래를 듣고, 같은 음식을 먹어도 사람마다 느끼는 감정은 다 다르다. 나만의 생각과 이야기에 '경험'을 잘 녹여보자. 그러면 그 이야기는 더 이상 '흔해빠진' '아무나 하는' 이야기가 아니다.

전주에서 6년 동안 버스를 운전하는 허혁 씨는 버스 운전을 하면서 매일 보고 듣고 느낀 것을 글로 남겼다. 그리고 매일 그것을 페이스북에 올렸다. 버스에서 만난 진상 손님의 이야기, 버스 안에서 바라본 점점 변해가는 전주의 풍경 등등 본인이 경험한 일상 이야기에 생각을 꾹꾹 담아 써 내려갔다. 전주에서 버스를 타는 인구는 많고, 버스를 운전하는 기사님도 많을 것이다. 하지만 일상에 경험을 입혀서 글로 녹인 허혁 씨는 그 이야기를 단순히 노트에 적고 그친 것이 아니라 페이스북에 하나하나 옮겨놓았다. 이것은 누군가에게 하루를 정리하게 해주는 글이자 자신의 일을 묵묵히 해내고 살아가는 사람들에 대한 찬가였을 것이다.

그가 만약 노트에만 자신의 이야기를 담아놓기만 했다면 이것이 콘텐츠가 되어 다른 사람들을 위로하는 글이 되었을까? 콘텐츠가 되는 글쓰기는 그래서 '경험'이다. 하늘 아래 새로운 것은 없다고 한다. 똑같은 경험이라도 자신만의 생각이 담긴 글은 누구나 하는 이야기가 아닌 나만이 할 수 있는, 콘텐츠가 된다.

콘텐츠가 되는 글은 일기가 아니다

가끔 일기에 대한 질문이 쏟아지는 때가 있다. 어렸을 때부터 일기를 꾸준히 오래 써온 사람의 경우 자신의 일기에 가진 이른바 '일기 부심'은 정말 대단하다. 한 글쓰기 수강생은 중학교 때부터 써온 일기장을 버린 친정엄마와 몇 달 동안 말을 하지 않았다고 한다. 일기장이 그녀의 콘텐츠 중 아주 중요한 요소임은 틀림없다.

일기는 잊었던, 오래된 기억을 되살리게 해주고 당시의 느낌을 살려주는 중요한 기록물이다. 하지만 결코 일기만으로는 콘텐츠가 될 수 없다. 자신의 생각을 늘어놓는 일기는 글이라기보다는 하나의 단상이다. 일기는 글쓰기 습관이나 메모 습관을 몸에 익히는 아주 중요한 방법 중 하나지만, 결코 일기를 많이 썼다고 해서 자신만의 콘텐츠가 많은 것도 아니다. 그리고 어렸을 때부터 일기를 쓰지 않았다고 해서 자신만의 콘텐츠가 없는 것도 아니다.

일기는 글쓰기 연습이나 습관을 들이는 데 매우 유용한 방법이다. 하지만 콘텐츠가 되는 글쓰기에서의 '글'은 일기로만 끝나서는 안 된다. 거기에 생각과 경험을 덧입혀야 하고, 누군가에게 읽히기 위한 목적으로 쓰였기 때문에 읽힐 만한 것이어야 한다. 일기를 오래 썼다면 혹은 일기를 나만의 콘텐츠로 활용하고 싶은 사람은 자신의 일기를 다른 사람이 읽었을 때 과연 시간을 내어서 읽을 만한 가치와 정보가 있는지 한번 체크해보자. 그럼 그 일기는 바로 당신의 콘텐츠가 될 수 있다.

콘텐츠가 되는 글쓰기 3

매일 써야 한다

글쓰기가 붐이다. 누구든 자신의 생각을 글로 남기고 싶어 한다. 그래서일까? 하루에도 글쓰기 책이 몇 권씩 나오고 있다. 그리고 그 책에서 절대 빠지지 않는 것은 바로 '매일 써라'다.

콘텐츠가 되는 글쓰기 역시 마찬가지다. 매일 써야 한다. 이유는 간단하다. 어제만 해도 뜨겁고 사람들의 관심을 한몸에 받았던 이야기도 오늘 새로운 이슈가 등장하면 곧바로 과거의 이야기가 되는 세상이다. 빠르게 변화하는 세상에서 어떤 콘텐츠가 어떻게 받아들여지고 읽히는지 관찰하기 위해서는 매일 써야 한다. 특히 같은 시간에 고정적으로 쓰기를 추천한다. 그래서 콘텐츠가 되는 글쓰기는 현재진행형이다.

아님 말고 정신

블로그에 글을 쓰면 좋은 점이 참 많다. 그중 정말 좋은 것은 다양한 카테고리를 마음대로 만들 수 있다는 것이다. 처음 나는 노희경 작가의 드라마 대사를 필사하고 그에 따른 단상이나 생각을 옮기는 글을 올렸다. 하지만 어느 순간 치열하게 읽고 쓴 이야기를 쓰기도 하고, 경험을 통해 얻은 글쓰기 방법을 올리기도 했다. 블로그에 글 한두 개를 남기다 보면 어느새 나의 관심사가 어느 쪽으로 기우는지 혹은 어느 부분에 나만의 강점이 있는지 금방 알게 된다. 계속 카테고리를 이어 나갈 글이 만들어지면 나는 그 분야에 관심이 많은 것임이 드러난다. 반대로 처음에는 열정적으로 시작했지만 금세 더 쓸 말이 없거나 좋은 아이디어가 떠오르지 않는 카테고리가 생길 수 있다. 그럼 잠시 멈추고 다른 카테고리에 집중하면 된다. 블로그 글쓰기는 이렇게 '아님 말고' 정신으로 가볍게 하면 된다. 진지하게 한 분야를 팔 필요도 없고, 거기에 적성과 취미가 있는지 미리 검사나 조사를 할 필요도 없다.

그저 해보다가 아니면 다른 카테고리를 만들면 된다. 그래서 콘텐츠가 되는 글쓰기는 나의 강점을 알게 하고, 좋아하는 일과 하고 싶은 일이 무엇인지 알게 한다.

이른바 내 심장을 뛰게 하는 것이 무엇인지 알 수 있다. 아직 내가 좋아하는 일, 잘하는 일이 무엇인지 모르는 사람들은 반드시 블로그 글쓰기를 해보길 바란다. 그럼 내 심장이 어디서 '나대는지' 깨달을 것이다. 그것이 바로 당신의 '콘텐츠'다. 그것을 쓰기만 하면 된다.

지금까지 콘텐츠는 무엇이고, 콘텐츠가 되는 글을 쓰려면 어떻게 해야 하는지 정리해보았다. 다양한 이야기도 중요하지만 콘텐츠가 되는 글쓰기는 일단 무조건 써보는 것이다. 써봐야 무엇이 어떻게 사람들에게 읽힐 수 있는지, 내가 어떤 이야기를 쓸 수 있는지 알 수 있다.

일단 그냥 무조건 쓰자.
그리고 공개하고 나누자.

블로그 너,
대체 누구냐

블로그를 시작하고, 글쓰기에 솔솔 재미가 붙었다. 하지만 몇 주 지나자 불같이 일었던 초심은 조금씩 사라지고, 슬슬 소위 말하는 '블태기', 블로그 권태기에 접어들었다. 매일 공들여 글을 쓰다가도 '이게 뭐 하는 짓인가'라는 생각이 문득문득 들곤 했다. 돈이 생기는 일도 아니고, 명예가 생기는 일은 더욱 아니고 말이다. 하기 싫은 이유가 끝도 없었다.

결정적으로 그저 평범하게 하루하루를 사는 내가 매일 블로그에 글을 쓰다 보니 하나둘씩 글감이 떨어지기 시작했다. 급기야 일상의 기록이라는 이유와 목적으로 구차하고 쓸데없는 이야기들까지 주절주절 올리는 나를 발견하게 되었다. '이게 아닌데.'라는 생각이 들 무렵, 후배가 집 근처로 청첩장을 들고 찾아왔다. 결혼을 코앞에 둔 그녀는 '결혼'에 대해 이것저것 묻기 시작했다.

나의 '불타는' 오지랖의 발동으로 결혼 준비 체크리스트 목록부터 결혼 후 시댁과의 갈등 해소법, C급 며느리로 사는 법, 신혼 1년 안에 대출 갚기, 임신과 출산, 직장 문제 등 그동안 갈고닦은 결혼 내공을 유감없이 쏟아냈다. 무려 3시간의 '결혼 미니특강'을 하고 난 후 집에 돌아가야 할 시간이 되어 아쉽게 이야기를 끝내야 했다. 늘 그렇듯 몇 시간을 이야기해놓고 서로 "더 궁금한 거 있으면 전화해." 하며 끝인사를 하는 순간, 그녀가 한마디 했다.

"선배, 오늘 얘기한 거 블로그에 쓰세요?"

"아니 뭐 다 아는 얘기인데… 그런 걸 올려?"

"아니에요. 저 오늘 엄청 도움 많이 되었어요. 이런 얘기 누가 해줘요? 친언니도 없고, 주변에 결혼한 사람이라고는 엄마밖에 없는데… 이런 이야기 정말 필요해요. 꼭 올려주세요."

'고뤠? 한번 올려볼까?'

결혼한 지 이미 한참 지난 나에게는 별것 아닌 이야기지만 인생 최대 행사를 코앞에 둔 그녀에게 이런 이야기는 '피'가 되고, '살'이 되는 그야말로 대단한 '정보'였다. 요즘처럼 남의 개인사에 관심 없고 형제가 없는 20, 30대에게 이런 아주 사소한 일들은 녹색 창(?)에도 나오지 않는, 검색도 안 되는 소중한 이야기였다.

그날 밤부터 며칠에 걸쳐 결혼에 관한 이야기를 연재 형식으로 하나하나 블로그에 올리기 시작했다. 조용했던 블로그가 조금씩 시끄러워졌다. 내 글에 빨간 하트 '공감' 버튼이 수없이 눌러지고, 댓글로 질문이 올라오기 시작했다. 이미 결혼한 사람들은 비슷한 경험을 했다며 함께 박장대소하며 재미있는 '이모티콘'을 날려주었다. 내 글에 사람들이 공감한다는 생각에, 내 글이 도움 되었다는 생각에 큰 위로를 받은 양 기분이 좋아졌다.

그리고 결정적인 '댓글' 하나가 나의 심장을 강타했다.

"다음 연재도 엄청 기대됩니다!"

내 다음 글을 기다린다는 것이다. 그저 그랬던 나의 '매일 블로그 글쓰기'에 '독자'가 생긴 것이다. 애당초 인기블로그나 수만 명의 이웃 수, 검색 상위 노출 등은 할 수도 없고 나의 영역이 아니라고 여겼다. 그저 일상과 읽은 책, 드라마 이야기를 기록으로 남기고 싶다는 욕구가 일었고, 궁리 끝에 이것들을 정리할 방법으로 매일 블로그에 글을 썼다. 하지만 매일 쓰다 보니 글이 그저 나 혼자만의 하소연으로 흘러가는 것을 발견할 수 있었다. 그리고 조금씩 지쳐가고 있었다. 그런데 새로운 글감, 나만의 경험을 올리기 시작하자 반응이 생기기 시작한 것이다. 무엇보다 나의 글을 기다리는 '독자'가 생겼다는 것이 다음 글을 쓰게 하는 힘이 되었다. 빨간 '공감' 버튼과 다음 글을 기다린다는 '독자'의 댓글이 내 안에 숨어 있던 쓰기에 대한 열망과 본능에 불꽃을 일으키기 시작했다. 예상하지 못한 일이었다.

많은 사람이 글쓰기가 어렵고 힘들다고 한다. 많은 글쓰기 책에서 '글을 잘 쓰는 방법'으로 '매일 글쓰기'를 추천하고 있다.

'나도 매일 쓰고 싶다고!'
'근데 그게 그렇게 쉽냐고요?'

매일 글쓰기의 새로운 동력으로 블로그나 페이스북, 브런치 등 다양한 채널에 글을 올리는 방법을 추천하고 싶다. 여러 가지 채널에 글을 올리면 사람들의 공감과 댓글이 달리면서 저절로 매일 쓰는 습관이 길러진다. 혼자 골방에서 쓰는 글쓰기보다 더 글쓰기에 새로운 경험, 짜릿한 유희를 느낄 수 있다. 더불어 내 글을 읽어주고 기다리는 '이웃'들은 지치지 않고 매일 쓰게 하는 숨은 조력자, 페이스메이커다.

퇴사 전
반드시 시작해야 하는
블로그

한 통계에 따르면 직장인의 절반 이상이 2년 이내에 '퇴사'를 경험한다고 한다. 그야말로 전국이 '퇴사' 앓이 중이다. 또 어떤 기사에서는 직장인 중에 절반 이상이 입사하자마자 퇴사를 생각한다고 한다. 경제적 자유와 시간의 여유를 위해 퇴사하는 것이 과연 답일까?

퇴사를 결심할 때 많은 사람이 이후의 여가를 보낼 궁리로 여행과 자유로운 시간에 대한 계획에 집중한다. 그것 역시 중요하지 않은 것은 아니다. 하지만 그보다는 내가 가진 지식과 그동안 쌓은 경험을 토대로 새로운 콘텐츠를 만들어보고 이를 어떻게 구현해나갈지 좀 더 세밀하게 준비하는 시간이 필요하다.

콘텐츠 크리에이터 수업에서 만난 지혜 씨는 현재 블로그와 인스타그램으로 자신의 수업을 알리고 수강생을 모집하고 있다. 더불어 미디어 콘텐츠와의 연결을 통해 새로운 사업도 모색 중이다. 블로그, 인스타그램, 페이스북, 유튜브 등 자신만의 콘텐츠를 펼칠 장은 누구에게나 열려 있다. 이 마켓에는 입점 비용도, 월세도 필요 없다. 오직 내가 할 수 있는 아이템을 매체에 맞게 다양한 방법으로 올려놓으면 된다. 여기서 고민해야 할 점은 다양한 플랫폼을 어떻게 활용해서 어떤 콘텐츠를 구체적으로 어떻게 담아낼 것인가다.

미디어 콘텐츠나 SNS 콘텐츠의 장점은 회사에 다니는 직장인이든, 육아하는 전업주부든 상관없이 누구나 충분히 할 수 있는 일이라는 것이다. 사무실도 필요 없고, 직원이 없어도 된다. 오직 나의 지식과 경험을 토대로 한 콘셉트와 기획으로 소비자를 충족시킬 수 있는 콘텐츠를 생산해내는 것에 주목하면 된다.

퇴사를 꿈꾸고, 퇴사를 결심한 사람들은 사직서를 잠시 서랍에 넣어두고 자신만이 할 수 있는 콘텐츠는 무엇이 있을지 고민해보길 바란다. 그러기 위해 오늘부터라도 제대로 읽기와 쓰기를 실천해보자. 분명 당신에게 또 다른 기회가 열릴 것이다.

최고의 스펙이지만 들어갈 직장도 없고, 힘들게 들어간 직장은 영 마음에 들지 않는다. 상사의 쓰레기 같은 권위는 어이없고, 동료의 권모술수는 꼴 보기 싫다. 속상한 마음에 들어간 블로그나 SNS에서는 여행 사진과 맛집 사진이 넘쳐난다. 다들 이렇게 사는데 나만 답답한 사무실에서 말도 안 되는 일을 당하고 있는 것만 같다. 이어 심심치 않게 자신만의 아이템으로 창업한 사람들이 눈에 띈다. 이른바 디지털 노마드족. 호주, 세부, 미국, 영국, 프랑스 등 자신이 원하는 장소에서 원하는 시간에 마음 편하게 일하는 그들이 부럽기만 하다. 이참에 나도 '디지털 노마드족'이나 되어볼까 하는 생각이 든다.

한 설문 조사에 따르면 퇴사 후 제일 하고 싶은 것이 무엇이냐는 질문에 1위가 여행이고, 여행지 중 1위는 제주도다. 요즘 제주도에 가보면 '퇴사족'들이 떼로 몰려다닌다고 하는데, 퇴사한 사람이 많긴 많은가 보다.

이제 입사한 지 6개월이 채 되지 않는 제자에게서 늦은 밤 전화가 왔다. 더 이상 힘들어서 못 다니겠다는 것이다. 평소 신중했던 아이라 우는 목소리로 전화한 것 자체가 속상했다. 전화하기 전 얼마나 속앓이를 했을지 눈에 선하다. 회사 일이 힘들면 그만두고 싶다는 생각이 드는 건 당연하다. 하지만 어떤 대안도, 대책도 없이 막연한 생각을 한 채 퇴사하는 일은 바람직하지 않다. 퇴사에도 구체적인 계획과 공부가 필요하다.

난 퇴사 전 반드시 제대로 책 읽기와 글쓰기를 할 것을 권한다. 이를 통해 자신이 진정으로 원하고, 즐기면서 할 수 있는 다음의 일은 무엇인지 고민하고 생각해보게 된다. 더불어 다양한 매체로 그 콘텐츠를 구현해보면 제2의 창업 아이템으로 연결 가능한지 어느 정도 점쳐볼 수 있다.

삶의 의미는 저마다 다르다. 하지만 그것 나름의 답을 가지고 사는 것은 필요하다. 삶의 의미와 가치를 부여하지 못하고 살아간다면 그 삶은 매일 힘겨움의 연속일 것이다.

한 기관의 조사 결과에 따르면 직장인 중 52.1퍼센트가 향후 창업 계획이 있다고 대답했다. 그리고 창업을 선택한 이유는 고용 불안으로 퇴사 후 제2의 인생을 준비하기 위해서라는 대답이 53.6퍼센트로 가장 높다고 한다. 고용이 불안한 시대에 누구보다 먼저 창업하는 것을 반대할 생각은 없다. 퇴사 후 창업을 결심했다면 과연 어떤 아이템으로 창업에 도전할 수 있을까?

무턱대고 유행하는 가게를 차리거나 대세 음식, 유행 맛집을 따라 할 수 있을까? 현실적으로 불가능하다. 퇴사 전 시간을 두고 읽기와 쓰기를 하며 나만의 지식과 경험을 다양한 콘텐츠로 어떻게 하면 재창조할 수 있을까 끊임없이 연구하고 시도해보자. 블로그에 글을 올리고, 인스타그램에 관심 분야의 사진을 올려보자. 글에 자신 있는 사람이라면 브런치에 정식으로 작가 신청을 해보는 것도 좋다. 콘텐츠의 장점은 원하지 않으면 주변에 알릴 필요도 없고, 망해도 소문나지 않으며, 자본이 들어가지 않는다는 것이다.

진짜 재테크는
나만의 콘텐츠다

한 예능 프로그램에서 개그맨 송은이가 했던 말이 오랫동안 잊히지 않는다. 함께 출연했던 연예인이 그녀에게 재테크 여부를 물었다. 그러자 이렇게 말했다.

"언니, 전 진짜 재테크는 자기가 좋아하는 일을 오래 하는 것이 아닐까 해요."

한 대 얻어맞은 기분이었다. 맞는 말이다. 재테크를 하려면 발품도 팔아야 하고, 공부도 해야 한다. 당연히 시간과 노력을 들여 책도 읽어야 한다. 더불어 세계 금융시장이 돌아가는 판도도 읽어야 하기에 매일 전 세계 뉴스에 촉각을 곤두세워야 한다.

송은이의 말은 '재테크'도 해보니 그냥 얻어지는 게 아니더라, 그러니 그 노력을 좀 더 자기가 좋아하고, 재밌어하는 일에 투자해서 그 일을 오래 하는 것이 어쩌면 진짜 재테크가 아니겠냐는 이야기다.

이제 세상은 누가 자신만의 콘텐츠를 갖고 그것을 어떻게 잘 표현하느냐가 관건이다. 자기가 가진 콘텐츠가 아무리 좋아도 표현하지 않고 드러내지 않으면 그 누구도 알아주지 않을뿐더러 그것을 통해 새로운 것을 창출할 수도 없다. 냉정하게 들릴지 모르겠지만 더 이상 골방에서 내가 이런 책을 읽고, 이런 글을 쓴다고 외쳐봤자 아무도 알아주지 않는다.

만약 자신이 그런 행위 자체를 취미로 남기고 싶다면 하는 수 없다. 하지만 자신만의 콘텐츠를 통해 좀 더 새로운 무언가를 찾고, 100세 시대에 제2의 인생을 위해 무엇인가를 준비하고자 한다면 자신만의 콘텐츠를 다양한 표현 형식으로 나타내야만 한다.

누군가는 그것을 책으로 표현할 수도 있고, 누군가는 잘 만들어진 영상으로 드러낼 수도 있다. 어떤 것을 해도 좋다. 하지만 그 근본에는 그것이 자신이 좋아하는 일이어야 하고, 더불어 자신만이 할 수 있는 콘텐츠여야 한다. 남의 것이 아닌 나만의 콘텐츠 말이다. 그리고 다양한 플랫폼의 여러 가지 형식의 콘텐츠를 올릴 때 기본이 되는 것이 바로 글쓰기다.

글쓰기야말로 여러 콘텐츠를 오래, 길게, 다양하게 표현할 수 있는 진정한 재테크 수단이자 무기다. 진짜 재테크는 자신이 좋아하는 것을 꾸준히 오랫동안 표현하는 것이다.

좀 뻔뻔해져도 된다

대한민국에서 가장 인기 있는 검색어 중 하나는 '영어'다. 새해만 되면 앞다투어 영어 공부에 열을 올린다. 특히 1, 2월이면 전국민이 곧 '원어민'이 될 기세다. 홈쇼핑이나 온라인 쇼핑몰에서 연초에 영어 학습 관련 상품을 편성하는 이유 역시 이런 영어에 대한 지대한 국민적인 관심 때문이다. 요즘은 영어를 공부하는 방법이 다양하다. 예전처럼 단어만 죽어라 외우고, 교과서만 독파하던 시대는 지나갔다. 유튜브를 통해 다양한 영상 콘텐츠를 골라보고, 전화나 영상을 통해 외국인과도 쉽게 이야기를 나눌 수 있다. 그야말로 마음만 먹으면 언제 어디서든 영어를 공부할 수 있는 방법이 무궁무진하다.

방법은 예전보다 다양해졌지만 영어 공부에 달라지지 않은 비법은 딱 하나다. 바로 뻔뻔해지라는 것이다. 영어를 잘하기 위해서는 자주, 많이 반복해서 말해야 한다. 하지만 대개의 사람이 영어를 잘 못한다고, 두렵다고, 부끄럽다고 입 밖으로 영어를 꺼내놓지 않는다. 이렇게 하면 당연히 영어 실력은 늘지 않는다. 반대로, 잘하지 못하는 영어지만 자꾸 말하고 외국인과 만나는 것을 두려워하지 않는 사람은 놀랍도록 빨리 영어가 는다.

블로그에 글을 쓰면서 난 좀 뻔뻔해졌다. 초기에는 매일 블로그에 글을 쓰다 보니 때에 따라서는 여행을 갈 때도 있고, 바쁜 일정상 못하는 상황이 발생하기도 했다. 하지만 단 한 장의 사진, 한 줄의 글이라도 올리려고 노력했다. 글을 못 쓸 환경에 처하면 '예약 발행' 기능을 이용해서 올리기도 했다. 바쁘게 올린 글은 다음 날이나 일정 시간을 두고 다시 보면 오타도 많고, 문맥이나 어투, 주어와 서술어의 호응이 틀린 문장이 많았다. 하지만 당시만 해도 이웃이 거의 없는 블로그였기에, 보는 사람도 몇 명 없었기에 바로 고치면 그뿐이었다. 지금도 역시 그 습관은 그대로다. 대신 올리기 전에 좀 더 침착하게 글을 검토하는 버릇은 생겼다.

글을 쓸 때 우리가 뻔뻔하지 못한 이유가 잘 쓰고 싶은 마

4장 • 콘텐츠가 되는 글쓰기는 재미있다

음 때문이지 않을까 한다. 인간은 누구나 말을 잘하고, 글을 잘 쓰고 싶어 한다.

누구나 유시민 작가처럼, 노희경 작가처럼 글을 잘 쓰고 싶어 한다. 하지만 우리 같은 평범한 사람이 글쓰기에서 일인자가 되기란 쉽지 않다. 인정할 것은 인정하자. 한 10인자, 100인자쯤이면 어떨까. 그것만으로도 족하지 않나. 한편으로는 이런 생각도 든다. 왜 꼭 일인자가 되어야 하나. 나의 생각과 의견을 글로 잘 옮길 줄만 알면 되는 것 아닐까. 이제 와 새삼 유명한 소설가가 되려는 것도, 가슴을 후벼 파는 명시를 쓰려는 것도 아니다. 그저 내가 어떤 생각을 하는지, 어떤 하루를 보내는지 기록하고 그를 통해 좀 더 나아지는 나를 발견하고자 함이다.

좀 뻔뻔해지자. 오타가 나도 괜찮고, 문장이 어색하면 어떠랴. 쓰고 나서 자꾸 공개해야 오타도 발견하고, 오류도 찾는다.

한 매체에 주 1회 글을 연재하고 있다. 첫 연재부터 민감한 주제의 글을 썼다. 글을 쓴 의도는 따로 있었다. 원래는 글쓰기에 관한 주제로 쓰고 싶었지만 나처럼 초보 블로거에, 평범한 사람이 쓴 글을 사람들이 잘 읽어줄까 하는 의구심이 들었다. 소재라도 좀 색다르고, 자극적인 것으로 하고 싶었다. 모험이었다. 내 예상은 적중했다. 첫 글이 올라가자마자 기다렸다는 듯이 온

종일 사이트 내에서 최고 조회 수를 올렸다. 하지만 공개된 글을 읽고, 비판하는 댓글도 많았다. 원색적인 표현을 쓰면서 내 글을 나무라는 사람도 있었다. 이런 상황이 처음이라 무척 당혹스러웠다. 연예인들이 왜 댓글을 읽고 일희일비하는지 그 이유를 어렴풋하게나마 알 수 있었다. 글을 내릴까 말까 수천 번 고민했다. 신문사 기자로 재직 중인 지인에게 전화로 이런 상황을 이야기했더니 한마디 한다.

"내버려 두어. 그런 사람들 많아."

너무나 아무렇지도 않게 말하는 태도에 고민은 무색해졌다. 과연 무엇을 고민했단 말인가. 전화 단 한 통으로 아무렇지도 않게 된 일에 밤잠을 설쳤던 것이다.

'뻔뻔함'은 21세기 글을 잘 쓰는 비결 중 최고가 아닐까 싶다. 이 방법은 헤밍웨이도, 조지 오웰도 아마 모를 것이다. 누구나 처음은 어렵고 힘들다. 그저 '뻔뻔함'으로 승부하자. 나 좋아서 하는 글쓰기다. 남에게 피해 주는 것도 아니고, 도덕적으로 어긋난 글을 쓰는 것이 아니라면 조금은 뻔뻔해지자.

그저 나만의 기록을 하루하루 남기는 것뿐이다. 특히 블로그에 글을 쓰면 이렇게 생각해보자.

'여긴 내 구역이다.'
'내 연습장이다.'
'나만의 USB다.'

플랫폼과
나의 궁합

Q. 나만의 콘텐츠에 윤곽을 잡았습니다. 그런데 SNS 매체가 너무 많아요. 어떤 매체에 콘텐츠를 올려야 할지 모르겠습니다. 그리고 이걸 다 해야 하나 걱정도 되고요?

어느 날 블로그에 이런 질문이 들어왔다. 쏟아져 나오는 콘텐츠 못지않게 매체 역시 하루가 다르게 발전하고 개발되고 있다. 요즘은 다양한 SNS의 발달로 콘텐츠를 올릴 매체 역시 신중하게 골라야 한다. 매체 선정 시 자신의 콘텐츠의 특성이나 방향에 못지않게 중요한 것이 바로 나를 파악하는 일이다.

아무리 좋은 콘텐츠라도 성향에 맞지 않는 매체를 선택하면 꾸준히 콘텐츠를 올릴 수 없다. 그럼 안 하느니만 못한 결과를 낳고 만다. 콘텐츠를 올릴 매체를 정하기 전 일단 플랫폼별 특징을 살펴본 후 자신에게 잘 맞는 매체를 선택하는 것이 좋다. 우선 플랫폼별 특징부터 정리해보자.

첫 번째는 페이스북이다. 페이스북은 장점이 아주 많다. 사용 유저가 가장 많고, 효과 역시 어마어마하다. 동영상, 텍스트 등 다양한 형태의 콘텐츠 탑재가 가능하고 실시간 방송도 가능하다. 콘텐츠를 올리는 것도 비교적 쉽다. 나에 대한 몇 가지 정보만으로도 연관된 사람들이 자동적으로 내 콘텐츠를 받아볼 수 있다. 검색 기반이 아닌 한두 가지의 연결고리만 있다면 쉽게 관심사가 같은 사람이나 인연이 있는 사람을 찾을 수 있고, 콘텐츠를 알릴 수 있다. 하지만 이것이 장점이자 치명적인 단점이다. 나와 연결된 사람들을 쉽게 찾다 보니 굳이 알리고 싶지 않은 사람들에게까지 콘텐츠가 배달(?)되기도 한다.

두 번째는 요즘 주목받는 인스타그램이다. 인스타그램의 장점은 사진 한 장, 짧은 글 한 줄만으로도 쉽게 콘텐츠를 구축할 수 있다는 것이다. 감각적인 사진에 자신 있는 사람이라면 인스타그램에 꼭 도전해보기를 강력히 추천한다. 더불어 글쓰기에 자신이 없거나 쉽고, 빠르게 콘텐츠를 구축하고 싶은 사람에게도 추천한다. 하지만 인스타그램은 이런 장점들이 곧 한계점이기도 하기 때문에 메인 매체를 따로 두고, 서브 플랫폼으로 사용하는 것이 가장 좋다.

세 번째는 브런치다. 다음에서 선보이는 플랫폼으로 브런치의 특징은 일단 신청서를 작성하여 작가로 선정되어야만 글을 올릴 수 있다. 글에 대해 조금 자신감이 있는 사람이라면 해보기를 추천한다. 더불어 다른 매체와 달리 연결된 출판사가 많아 책이나 출판에 관심을 둔 사람이라면 도전해볼 만한 플랫폼이다.

네 번째는 유튜브다. 유튜브를 이용하는 인구가 증가하고 있다. 유튜버들의 수익이 공개되면서 콘텐츠 크리에이터에게 유튜브 제작은 필수 코스처럼 여겨진다. 유튜브가 좋은 플랫폼임에는 분명하지만 이 플랫폼이나 매체에 대한 특성을 파악하지 않은 상태에서 단순히 수익에만 초점을 두고 콘텐츠를 제작한다면 콘텐츠 구축에 어려움이 생길 수 있다. 영상 콘텐츠를 주 기반으로 하는 유튜브는 영상 제작에 대한 이해뿐만 아니라 편집 기술 등을 익혀야 한다. 다른 플랫폼보다 제작에 꽤 많은 시간과 노력 이른바, 공이 많이 든다. 그뿐만 아니라 눈에 띄는 성과 역시 가장 늦게 나타나서 많은 인내심을 요구하는 플랫폼이다(콘텐츠마다 차이는 있다). 유튜브 플랫폼에 콘텐츠를 구축할 때 영상 매체를 꾸준히 올릴 수 있는 정성과 노력이 있는지 반드시 점검한 후 시도해보기를 추천한다. 더불어 블로그나 브런치, 티스토리 등을 운영해본 이후에 채널을 개설하기를 권한다.

마지막은 블로그다. 어쩌면 위에 제시한 모든 것을 다 할 수 있는 플랫폼일지도 모른다. 사진도 올릴 수 있고, 글(텍스트)도 가능하다. 더불어 영상도 올릴 수 있다. 게다가 접근성도 매우 쉽다. 이렇듯 블로그에 장점이 많다 보니 여러 매체 중 콘텐츠를 올리는 사람이 가장 많은 플랫폼이다. 이것이 또 장점이자 단점이다. 포스팅 수가 많고 이미 시작한 사람이 많이 포진해 있어 후발주자들이 성과를 보기 위해서는 시간이 오래 걸린다.

아무리 좋은 콘텐츠라도 꾸지 않으면 소용없다. 매체의 특성과 나의 성향을 고려해 꾸준히 올리다 보면 자신만의 콘텐츠가 서서히 나타날 것이다.

어쩌면 작가가 될지도
모릅니다

어느 날 《베어타운》이라는 책을 읽다가 깜짝 놀랐다. 이미 베스트셀러 소설 《오베라는 남자》의 저자이기도 한 그의 작가 소개에는 이렇게 쓰여 있었다.

프레드릭 배크만은 스웨덴의 한 블로거에서 전 세계를 사로잡은 초대형 작가가 되었다. 데뷔작이자 첫 장편소설 《오베라는 남자》는 블로그에서 처음 시작되었다. 수많은 독자가 '오베'라는 캐릭터에 반해 이야기를 더 써볼 것을 권했고, 그렇게 책이 탄생했다.

"한량 님 글을 보고 20년 동안 안 쓰던 글을 쓰게 되었습니다."
"오늘 아침 메모를 시작했어요."

"블로그 글을 쓰기 시작한 지 2일째입니다. 감사합니다."

"공감하는 글, 노트북을 펴봅니다."

나의 작은 글들로 용기를 얻어 안 쓰던 메모를 하고, 필사하고, 글을 쓴다는 이야기를 전해 받았다. 얼굴 한번 본 적 없는 그들의 이야기가 내 일인 듯 기쁘고 신이 났다. 평생 글을 쓸 엄두도 내지 못했는데, 사람들이 내가 제시한 쉽고 간단한 방법을 통해 '안 쓰던 삶'에서 '쓰는 삶'으로 변신(?)했다는 이야기에 나도 모르게 눈물을 흘릴 적도 있다.

글쓰기가 어렵고, 힘들다고 한다. 쉽진 않다. 하지만 어렵고 힘들다고 언제까지 머뭇거릴 수만은 없다. 그러기에는 내 안에 하고 싶은 말과 글이 차고 넘친다. 주변을 살펴보면 그 어려운 걸 쉽게 하는 방법이 널려 있다. 《오베라는 남자》를 탄생시킨 작가 프레드릭 배크만이 그랬듯 블로그를 활용해도 좋고, 카톡창에 매일매일 나만의 글감을 모아도 된다. 손으로 쓰기를 좋아하는 사람은 예쁜 수첩을 사서 메모해도 좋다. 그저 그렇게 시작하면 된다. 단, 쉽고 재미있게 하자. 그러면 된다. 반드시 된다.

메모 한 장이, 블로그 글 한 개가, 카톡창 한 줄 메시지가 에세이 한 편이 되고 책 한 권이 된다. 그렇게 매일 글을 쓰다 보면 어쩌면 우리는 작가가 될지도 모른다.

나는 쓰는 삶을 살기로 했다

어느 날 블로그에 이런 글을 올렸다.

"여러분은 왜 글을 쓰시나요? 오늘은 나만의 글을 쓰는 이유를
댓글로 남겨볼까요?"

나는 평소 블로그 이웃들에게 질문이 담긴 글을 자주 올
린다. 얼마 지나지 않아 댓글들이 달리기 시작했다. 지난 일을
기록하고 싶어서, 나의 느낌과 생각을 남기고 싶어서, 생각을
정리하고 싶어서, 나의 역사를 기억하기 위해서 등 다양한 답
변이 달렸다. 댓글을 한참 읽어나간 나는 이 글에 오래도록 눈
을 뗄 수 없었다.

"학연, 지연, 부모 백 없는, 평범한 제가 유일하게 할 수 있는 방법입니다."

무릎을 치게 하는 말이다. 재벌들의 엽기적인 '갑질'이 판을 치고, 영화나 드라마에서 봤던 것이 '현실'에서 그대로 드러나는 요즘이다. '설마' 했던 일이 '실제'로 벌어지는 것을 눈으로 보고, 귀로 들으며 평범하게 하루를 그저 열심히 사는 우리는 힘이 쭉쭉 빠진다. 아마 일정한 시간과 장소에 한 사람에 대한 기본 정보 없이, 그 사람을 잘 알 수 있는 방법을 꼽으라면 바로 자신의 생각을 글로 표현하게 하는 것이다.

그만큼 글쓰기는 그 사람 자체다.

그래서 난 글쓰기가 참 좋다.

한때 글쓰기를 멀리하고 글을 쓰지 않는 삶을 살려고 했다. 쓰는 것이 고역이었고, 무서우리만큼 고통스러웠다. 그랬던 내가 우연히 '공개하는 글쓰기'를 하면서 쓰는 삶을 살고 있다. '공개하는 글쓰기'로 나를 찾고, 다시 살게 된 것이다.

예전보다 글쓰기가 강조되고, 글쓰기를 쉽고 편하게 하는 방법도 많아졌다. 하지만 여전히 글쓰기는 어렵고, 두렵고,

힘들다고 한다. 지레 겁을 먹고 시작조차 못 하는 사람도 참 많다. 이런 상황에서 글쓰기가 쉽고, 즐겁고, 재미있다고까지 한다. 과연 그게 가능할까 하는 의구심에서 이 책을 끝까지 읽었을 것이다.

세상에는 두 종류의 사람이 있다. '쓰는 사람'과 '안 쓰는 사람'이다. 어떤 삶을 살아도 괜찮다. 지금 이대로의 당신도 좋다. 하지만 글을 쓰면 평범했던 당신의 삶이 특별해지고, 안 보이던 것들이 보이는 신비한 경험을 할 것이다. '돈 한 푼 들이지 않고' 우리는 그 좋은 걸 할 수 있다.

이 책을 읽고 많은 사람이 글쓰기가 두렵고, 힘들다는 생각에서 '이참에 나도 한번 써볼까', '블로그라도 열어볼까', '메모라도 한 줄 시작해볼까'라는 작은 생각을 했으면 좋겠다.

그거로 족하다.

그런 생각이 든 지금 이 순간이 뭔가 시작하기 딱 좋은 때다.

마지막으로 글 쓰는 아내이자 엄마를 용인해주고, 이 책이 나오기까지 많은 날을 참고 인내해준 나의 집사람(?)과 아들

이준이에게 무한한 사랑을 전한다. 아마 이 두 사람이 없었다면 이 책은 세상에 나오지 못했을지도 모르겠다. 더불어 내가 언제나 즐겁고 신나는 글쓰기를 할 수 있도록 응원해준 블로그와 브런치 이웃들에게도 감사의 인사를 남긴다. 여러분의 댓글과 응원이 쓰지 않기로 했던 나를 다시 쓰게 했다.

나는 매일 아침 많은 사람이 쉽고, 즐겁고, 재미있게 글을 쓰기를 응원한다. 그 응원에 힘입어 많은 사람이 또 글을 쓴다.

이쯤이면 글쓰기, 누구나 할 수 있지 않을까.

어쩌면 잘 쓰게 될지도 모릅니다

초판 1쇄 발행 2019년 1월 15일

지은이 이윤영
발행인 홍경숙
발행처 위너스북

경영총괄 안경찬
기획편집 김효단

출판등록 2008년 5월 6일 제2008-000221호
주소 서울 마포구 토정로 222, 201호 (한국출판콘텐츠센터)
주문전화 02-325-8901

디자인 김은영
지업사 월드페이퍼
인쇄 영신문화사

ISBN 979-11-89352-07-3 (03190)

이 도서의 국립중앙도서관 출판예정도서목록(CIP)은 서지정보유통지원시스템 홈페이지(http://seoji.nl.go.kr)와
국가자료공동목록시스템(http://www.nl.go.kr/kolisnet)에서 이용하실 수 있습니다.(CIP제어번호: CIP2018041975)